清水 寅

なぜネギ1本が1万円で売れるのか?

JN053172

講談社+α新書

プロローグ

1本1万円のネギが売れている

1本1万円のネギが売れている——。

そう聞いて、驚かれる読者は多いのではないでしょうか？「ねぎびとカンパニー」が販売している贈答用ネギ「モナリザ」がそれです。

うちではすでに2015年から、8本1万円の「真《しん》の葱《ねぎ》」を発売しており、限定30セットが毎年売り切れるほど好評をいただいていました。だから2019年にモナリザを発表したときも、ちゃんと売り切る自信はあった。実際、たちまち5件の予約が入り、慌てて予約受付を止めたぐらいなのです。

うちで1年間に出荷するネギは200万本。そのなかに、ビックリするほど太く、見た目のバランスも美しく、味もこのうえなくいい芸術品が生まれてくる。1年間にだいたい10本ぐらいでしょうか。それが5本なのか20本なのかは、神のみぞ知る世界。だから、万が一に備え、いったん5件で予約を止めたわけです。

それまで、こうした芸術品を売る場所はありませんでした。農協に出荷する場合、味は問われず、見た目だけで評価されます。長さや太さで規格を決めるため、モナリザのような極端に太いネギは規格外としてハネられてしまう。どんなにおいしかろうが、どんなに美しかろうが、それは「商品」たりえなかったのです。

フルーツの世界は違います。ねぎびとカンパニーがある山形県の名産といえばサクランボですが、優、秀、特秀という等級があって、特別に大きくて色みの濃い特秀になれば、秀の倍ぐらいの値段がつく。秀、優しかない野菜の世界とは大違いです。

「なんで野菜の世界には、特秀がないんだ！」

そのいらだちが出発点だったのです。500グラムの贈答用サクランボが1万2000円しても、みんな平気でお金を出します。なぜ同じことがネギでは不可能なんだ？　それ以前の問題として、どうして贈答用のネギが存在しないんだ？

そう考えて、ネット販売の形でモナリザを世に問うたわけです。

結論から言うと、初年度の2019年は失敗しました。秋の台風のせいで、ほんの少しだけ曲がってしまったのです。畑に植わった状態では、地下の様子はわかりようもなく、今年もモナリザが生まれてくると信じて疑わなかった。

2日間ぐらい重しをのせておけば、まっすぐにはなるのですが、信用にかかわる問題だと考え、断念しました（ご注文いただいたお客様にはお詫びの連絡を入れて返金し、別の贈答用ネギとホウレンソウを送りました）。

将来的なブランド戦略としても、断念したのは正解だったと考えています。「何年も待って、ようやく買えた！」くらいの存在になるほうが、ブランド価値は高まる。

よりによって初年度に失敗したとはいえ、この数年、モナリザは必ず生まれてきている。2020年冬には初出荷が実現すると確信しています。

モナリザはF1マシンだ

読者のなかには「1本1万円だって？　そのネギばかり作って売れば、大儲けじゃないか」と思われた方も多いでしょう。でも、そもそもモナリザは人為的に大量生産できるものではありませんし、僕の狙いもそこにはない。

じゃあ、なぜモナリザを世に送り出したのか？　**残りの200万本のネギを少しでも高く売るため**なのです。

1960年代に本田技研工業がF1レースに参戦したとき、本田宗一郎さんはべつに「F1マシンを売りたい」なんて考えてはいなかったでしょう。彼が売りたかったのは、一般消費者向け乗用車のほうだったはず。

しかし、「ホンダの四輪」が有名になるのは1970年代以降。当時はまだ「ホンダってバイクの会社でしょ？　自動車なんて作っているの？」程度の認知度だったのです。もしF1レースで優勝して話題になれば、「F1で勝てるほどのエンジンが作れるのだから、普通の乗用車も性能がいいに違いない」と世界中に思ってもらえる。大きなビジネスにつながる。そう考えたのではないでしょうか。

そういう意味では、モナリザはホンダのF1マシンのような存在なのです。それ自体を主力商品にするつもりはないけれど、それが話題になることで、普及版が売れるようになる。狙いは別のところにある。

「この会社のネギ1本に1万円を出す人がいるってことは、普及版もおいしいに違いない。多少は高くても試してみようか」

消費者に、そう思ってほしかったのです。いま、ネギの平均的な価格は3本198円（秋冬。春夏は3本298円）ぐらいです。一方、うちの「寅ちゃんねぎ」は2本298円。少し高いものを思い切って買っていただくには、そのための説得材料が必要だった。

ちなみに、2020年春から全国のホームセンターで寅ちゃんねぎの苗の販売を始めましたが、店長さんたちが「この苗が育ったやつ、1本1万円で売られているんだって」と話題にしてくれているようです。お客さんにそれが伝われば、当然、お買い得感は増す。モナリザが何本売れるかに関係なく、会社のブランド価値を高めてくれています。

いかにして値上げを実現するか

ネギは大衆的な野菜であって、安いのが当たり前——。そう思われているなかで1本1万円のネギを売るというのは、かなり冒険的な行動です。僕がこうした行動に出た背景には、農業界の構造的な問題があります。

実は、ネギの小売価格はこの20年、平均するとほとんど変わっていません。最低賃金もガソリン価格も肥料や農薬の値段も、1・5倍くらいにはなっている。原価は確実に上がっているのに、最終的な価格だけが変わらない。農業の世界には数多くの不思議が存在しますが、もっとも納得いかない不思議のひとつです。

半世紀以上も値段がほとんど変わらない卵を「物価の優等生」と呼んだりしますが、あれはスーパーがお客さんを集めるために、赤字覚悟で売っている面がある。しかし、ネギはスーパーが「損してでも売る商品」ではありません。リスクはすべてネギ農家がかぶっています。

普通の産業では、原価をもとに価格が決められます。ところが、農業の世界では、原価に関係なく、競《せ》りで価格が決まってしまう。作れば作るほど赤字になる場合もある。それでは農家は生きていけません。国の補助金も必要になる。日本の農家に競争力がないと言われる背景には、こうした問題があるわけです。

ネギ農家になって10年目ですが、ずっとこの構造と闘ってきました。まずは競りで価格が決まる市場を離れ、飲食店やスーパーとの直取引にシフトした。これで年間を通じて固定価格で買い取ってもらえることになった。こうなれば、従業員たちの給料も安定して支払えるようになります。

とはいえ、値上げのほうは、なかなか受け入れてもらえませんでした。長いデフレを経験した日本人は、価格を下げることには慣れっこでも、価格を上げた経験に乏しい。なかなか理解を得られず、苦しみました。スーパーにも「たかがネギに、消費者がたくさんお金を出すはずがない」という思い込みがあった。

努力の甲斐あって、ネギの品質はどんどん上がっていったのに、それが価格に反映されないのが苦しいところでした。

それでも3本98円でスタートして、3本158円になり、3本198円になり、2本198円になり……まではスムーズにいったのです。標準的な小売価格を超すくらいまでになるのは、そんなに難しいことではなかった。

しかし、そこから現在の2本298円になるまでに3〜4年もかかりました。その大きなステップを踏み越えるときに、真の葱やモナリザという高級商品の存在が、ものすごく役に立ったのです。

もちろん、東京や大阪といった大都市では、値段の高いブランド野菜や有機無農薬野菜が売られています。しかし、ネギはどちらかというと日常使いの存在だと意識され、高級野菜のジャンルには入れてもらえていなかった。いいものであっても、安く売られるしかなかった。そのイメージを変えつつあるわけです。

ド素人だから見えたこと

僕は生粋《きっすい》の農家ではなく、30歳で消費者金融の世界から入ってきた中途参入組です。まさか自分がネギ農家になるなんて、想像したこともなかった。

「農家になる前と、なったあとで、農業に対するイメージは変わりましたか？」

そんな質問をメディアの方から受けると、答えに窮《きゅう》します。実は、農業に対するイメージがゼロだったのです。とにかく関心がなかった。

少しでも売上を増やそうと、ネギ栽培のかたわら、小松菜を作ったことがあります。しかし、虫に食われまくった。それを見て「小松菜って、ずいぶん穴だらけの野菜なんだなあ」と思ったぐらいなのです。作物には虫がつくし、防虫対策が必要だということも知らなかった。それぐらい無知だった。

それがいまでは、天童市農協全体のネギ出荷量より多くを、たった1社で出荷しています。年間売上は1・8億円に達していますが、1億円を超えて売り上げる農家は地元では珍しい存在です。

「新規就農2年目でネギ栽培面積が日本一」を達成しましたし、２０１９年には山形県ベストアグリ賞の最高賞である「農林水産大臣賞」もいただきました。新規就農からの最短記録で、なおかつ史上最年少だそうです。

２０２０年春からは全国のホームセンターで、セルトレイに入ったネギ苗・タマネギ苗の販売も始めました。一農家がホームセンターで大々的に苗を売るというのは、珍しいことです。ネギだけを売るビジネスから、一歩先へ踏み出した。

メディア露出にも力を入れています。「芸農人《げいのうじん》」として、農業のイメージを変えていこうとしている。小学校で農業の授業まで始めました。

逆説的ですが、まっさらのド素人だったから、よかったのです。そのぶん失敗は多かったものの、農業の世界にどっぷり浸《つ》かった人たちには見えないものが、僕には見えた。毎日毎日「これって、おかしいやろおー！」の連続でした。だからこそ、「1本1万円」という発想も生まれてきた。

栽培法、売り方、働き方にいたるまで全部見直し、自分なりに納得のいく方法を探してきました。僕の農業は、農業界の非常識です。そういう意味で「葱師《ねぎし》」という、まったく新しい職業をやっているイメージがある。ネギを愛するだけでなく、ネギから愛される仲間を増やしたいという思いから、自分は「初代葱師」を名乗っています。

では、この業界のどこに違和感を覚え、どういうアイデアでそれを改善したのか？　僕はすべてを数字で考えることにしていますが、どういう数字を見ているのか？　それを紹介しているので、現状を打破したい農家の方々の参考になるはずです。

でも、この本は、農家でない一般の方々にこそ読んでほしいディテールをたっぷり紹介しているので、農業ってどんな仕事なのか、その一端は伝わるはず。「こんなことに悩んでいるのか」とか、「こんなに細かい部分までケアしているのか」と驚いてほしい。ひょっとすると就農を考える人が出てくるかもしれません。

農業は一瞬、「わかった」と思っても、実はその先がまだまだある、とても奥が深いものです。とことんやらなければ気がすまない僕のような人間にとって、すごくやりがいのある仕事なのです。

僕は最初から「会社組織で農業をやる」つもりでした。だから、いかに農業の生産性を上げるかだけでなく、いかに組織の生産性を上げるかも、一貫して考え続けてきた。どうすれば部下がやる気を出すか、どうすれば作業がスピードアップするか、どうすれば無駄を減らせるか、どうすれば社員が辞めないか、どうすれば営業で相手の心をつかめるか、どういう付加価値があれば消費者を納得させられるか、どういうネーミングだとバズるか……。懸命に考えました。

消費者金融時代に身につけた対人交渉のテクニックも含め、こうした農業に限定しないビジネスのヒントもふんだんに盛り込んでいますから、ビジネスパーソンの役にも立つのではないか、と思っています。

清水　寅

2020年9月

目次

第2章　なぜ1本1万円だったのか

第3章　雑草と闘ってはいけない

第5章 部活のような会社にしたい

第1章　一番になりたい症候群

●自分が勝負できるところは何かを徹底して考える
●営業の肝は相手の事情を知ること
●本気になった人にしか見えない風景がある

一日に20時間は働いた

「あ、もう5時だ。早く畑に行かなきゃ」

飛び起きて早朝のネギ畑に出て作業をしていると、不思議なことに空が明るくなってきません。逆にさっきより暗くなった気がする。「いったいどうなってんの？　天変地異か？」と首をかしげるうち、ようやく夕方の5時であることに気がつく。農業を始めた1年目は、そんなことが頻繁に起こりました。

毎日20時間は働いているから、いま朝なのか夕方なのかも区別がつかない。起きている時間は、すべて畑か作業所にいました。夜10時に帰宅して11時に寝て、深夜1時にはもう畑に出たこともあった。真っ暗な畑でライトをつけて雑草取りをしているので、近所では完全に変人扱いされていました。

それまでは何をやってもうまくいく人生だったのに、農業では何をやってもうまくいかない。思い入れが強いぶん、失望も大きいのです。悔しくて、畑でしょっちゅう泣いたり怒鳴ったりしていました。だから、ますます変人扱いされる。

まあ、読者のみなさんも「一日20時間労働」と聞いて、ちょっと引かれたと思います。本人としては「死んでもいい」くらいの気持ちで働いていました。

忙しい理由はたくさんありました。全部で１町歩（約１ヘクタール、正方形の土地だったら１００メートル×１００メートル）という、初心者には無謀なほど広い面積に、いきなり挑戦したこと。人手は自分と、弟子として面倒を見ていた親戚の二人しかいなかったこと。アルバイトを雇うという発想すらなかったこと。農業自体が初めてで、次から次へとトラブルが降ってきたこと……。

雑草は抜いても抜いても、なくなりません。手がグローブのように腫れ上がりました。とにかくすさまじい量で、一日に２列しか終わらない。全部で１町歩もありますから、最初の場所に戻ってきたときは、またビシーッと雑草におおわれている。

ようやく収穫の時期をむかえると、忙しさはさらに加速しました。深夜１時までネギをむいて、トラックに積み込んで、自分で集配センターまで運ぶ。センターが開く午前４時までの２時間だけ、車内で仮眠をとります。納品したら畑に戻って、また収穫作業を始める……。そんな生活を続けていた。

凡人には努力がすべてだ！

どうしてそこまでやるのか？「成功は１％の才能と99％の努力」なんて格言は嘘だと思っているからです。

才能という言葉を使えるのは、エジソンとかアインシュタインとか、ごくごく限られた天才だけ。自分のような凡人は「０％の才能と１００％の努力」で勝負するしかない。でも、１００％の努力さえできるなら、必ず成功すると信じている。

だから、最初に就職した会社でも、オフィスビルが開く早朝から、閉まる深夜まで、ずっと仕事をしていました。

もともとスポーツマンなので、仕事もスポーツと同じように考えているのです。結果を出すために、ストイックに練習に没頭する。誰よりたくさん練習するためには、それ以外のものを捨てるしかありません。「すべては練習量で決まる」が信条なのです。

スポーツをやっていた時代は、スポーツのことしか考えませんでした。仕事を始めてからは、仕事のことしか考えません。酒もタバコも若いうちにやめました。

「プロのスポーツ選手がお酒を飲んだり、タバコを吸ったりする？　プロのサラリーマンだって、同じことでしょ？」

というのが、昔からの口癖だったのですが、それほどプロ意識の高いスポーツ選手ばかりではないことを、大人になってから知りました。

エベレストの山頂に立ちたければ、重い荷物はふもとに置いていくしかない。もしその荷物が必要になるなら、結果を出したあとで、ふもとへ取りに戻ればいいじゃないか。

代でサラリーマンのトップに立って、30代になってから遊べばいい——。若い頃から、ずっとそう考えてきたのです。

しかし、山頂に立ったら立ったで、次の頂をきわめたくなる。結局は40歳近くになるまで稜線を歩き続ける人生で、ふもとへは一度も下りていません。高級クラブに飲みにいくようなこともないし、接待の席でも、お酒は一滴も口にしません。

いまもねぎびとカンパニーのオフィス兼作業場に寝泊まりする生活で、家族の暮らす自宅には月に1回程度しか顔を出さないくらいです。

僕はいじめられていました!

とにかく一番になりたい。そのためには何もかも犠牲にしてかまわない。眠らないで済むのなら、一日24時間でも練習したい——。

どうして、こんな性分になってしまったのか? 農業の話に入る前に、説明しておくほうがいいでしょうね。

それは小学生のときには始まっています。僕の身長は158センチですが、子供の頃から背は低かった。背の順に並ぶと、ずっと最前列でした。

小学1年生のときは1メートルもなくて、身長計では測れなかったほどです。物差しで測られたことをバカにされ、クラスでいじめられるようになった。

　そこで決意します。全校集会のとき、校長先生が壇上で話をしていた。「いまだっ！」と壇上に走っていって、「僕は体が小さいから、いじめられている！」と、全校生徒の前で訴えたのです。僕を見る目が一変し、いじめはなくなりました。

　いま振り返ると、「行動すれば、自分をとりまく環境は変えられる」と意識した最初の出来事だったかもしれません。

　そこから強くなろうと腕立て伏せや筋トレをやって、背は低いままなのに、筋肉ムキムキになった。体脂肪率があまりに低すぎて、水泳の授業では水に沈んでしまうほどでした。腕相撲だって、向かうところ敵なしになった。そのいじめっ子は、中学生になる頃には、僕の子分格になっていた。

　運動神経もよかったのでしょう。小学4年生のときに体操教室に入ったら、2ヵ月で選手養成コースのメンバーに選抜されたのです。半年後には教室のエースになり、5年生になった頃には、地元・長崎市のチャンピオンになっていました。

　ここから僕のスポーツマン人生が始まります。24時間、体操のことだけを考えるようになった。いまに続く「一番になりたい症候群」のスタートです。

　中学1年生の長崎市の大会では、全種目で優勝を果たしました。どうやったらバク転ができるのか、どうやったら宙返りができるのか……。いろいろ考えて練習法を工夫しました。池谷幸雄選手と一緒に練習したこともあったし、日体大の選手からは「お前、練習生として、うちへ来いよ」と声をかけてもらった。

でも、体操は中学1年生でやめました。小学6年生のときに卓球を初めてやって、そちらにハマってしまったのです。

誰よりたくさん練習すれば……

中学校の部活は卓球部に入り、もう6月には長崎市大会で優勝してしまいます。その後、中学3年間を通して、ずっと長崎市のトップでした。中3のときに県大会4位になったので、卓球のスポーツ推薦で高校に進みました。

高校レベルになると、県外から卓球の強い生徒を集める強豪校も出てくるので、なかなか中学のときみたいには勝てなくなり、僕の最終成績は長崎県5位でした。それでも、トップ4の一人で、当時、九州で無敗という選手に勝ったこともあります。

とにかく練習量がすごかった。通学のときは、靴の中に1キロの重りを入れていました。電車で立っているときは、かかとを絶対につけなかったし、座るときも、腰を少し浮かせていた。筋トレを徹底的にやった。親が卓球台と球出し機を買ってくれたので、家でもずっと練習していました。卓球をやるとなったら、もう卓球しかない生活です。

ただ、卓球の世界には福原愛さんのように、物心ついた頃にはラケットを握っていた人がたくさんいます。どうやったら、彼らに勝てるのか？　真正面からぶつかっても勝てないので、頭を使いました。

自分や相手選手のプレーをビデオで見て研究する。どんないい球を打とうが、相手の得意なコースに打ったら意味がありません。どこに打たれたら、相手が嫌がるのか考えました。「相手の弱点が見えないうちは、絶対に勝ちはない」と考えていたのです。

スポーツでは、点数上はリードしているのに、追い上げられて、負けているような気持ちにさせられることがあります。どうしたら、そういうムードにもちこめるのか。どういうプレーが相手の心をくじくのか。そうした心理戦も工夫しました。

小さな頃から、とにかく考えるのが好きな子供でした。尊敬する人は一休さん。頓智《とんち》を使ってピンチを切り抜ける姿にワクワクしました。だから、体操でも卓球でも、いかにすれば強くなるかを必死で考えた。

こうした経験が、「誰よりもたくさん練習すれば、一番になれる」という信念につながったのだと思います。何もかも捨てて必死に練習した結果、トップに立つという経験を積み重ねたわけですから。

履歴書は漢字で書き直せ

それでプロの卓球選手を目指すかというと、そうならないのが不思議なところで、卓球は高校でやめてしまいます。

大学からスポーツ推薦の声もかかっていました。でも、競艇好きの先生から「お前は運動神経が抜群だし、体も小さいから、ボートの選手になれ！」とすすめられ、その気になったのです。だから大学へは進まず、高校卒業後、ボートレーサー養成所の試験を受けました。

体力テストはダントツでした。ただ、最低体重の47キロに、少し足りなかった。計量の前日も当日も、水を飲みまくって体重を増やしました。規定体重をクリアしたときは家族そろってガッツポーズです。「俺は日本一になる！」と意気揚々でした。

ところが、中学高校と勉強をいっさいしていないから、頭が相当悪かった。学科で落ちてしまったのです。「そんなやついる？」と笑われるのですが。

そこで緊張の糸が切れてしまいました。それまでの10年間、「もうこれ以上の努力はできない」というぐらい、スポーツに打ち込んできた。いきなり将来を断ち切られてしまったわけで、そこから新たに何か始めるのは無理だった。

なので、高校を出たあと1年間は、アルバイトをしながらブラブラ遊んでいました。それを見かねた友達から「お前、そろそろ就職しろよ！」と怒られたのが19歳のとき。全国展開している消費者金融会社の長崎支店に就職しました。

体育会系ですから、挨拶はいいし、声もでかい。返事は「イエス」か「はい」しかない。体力もやる気もある。「こいつを入れて良かったって、絶対に思わせますよ！」なんて生意気な発言までするので、年上の上司に可愛がられるタイプです。面接では、僕の前に16人も落ち続けたようですが、スムーズに入社が決まりました。

ただ、大問題があった。僕の提出した履歴書は、自分の名前以外、ほとんどひらがなだったのです。それまでスポーツだけの生活だったし、家でも「勉強しろ」と言われたことが一度もない。だから、簡単な漢字すら書けなかった。

面接での心証は良くても、ひらがなの履歴書では、さすがに本部の審査を通りません。面接をしてくれた支店長が「俺が教えてやるから、履歴書を漢字で書き直せ」と言ってくれた。この会社の歴史でも伝説的なエピソードだと思います。

携帯携帯携帯携帯……

実は当時の僕は、割り算もできませんでした。だから支店長が毎日2時間ぐらい、割り算を教えてくれた。朝礼で「この子は小学生みたいなものだから、みんなで教えてあげてくださいね」と言っていたのを、よく覚えています。

漢字も書けない、割り算もできない。知識も小学生レベルです。それでも「サラリーマンのてっぺんを取るぞ！」と意気込んでいた。スポーツと同じく、１００％の努力で何でもできると信じていたからです。才能０％には慣れていた。

ここからは、また「練習量がすべてを決める」の世界に入ります。自宅、会社、携帯不在、入金……業務で使う漢字をかたっぱしから教えてもらい、書いて覚えました。小学生の書き取りみたいに、紙が真っ黒になるほど「携帯携帯携帯携帯……」と書いた。半年後には、ものすごく字がきれいになりました。もちろん漢字も覚えた。

商業高校を出ている先輩が多いので、利息計算すらできない僕はバカにされます。そこで電卓の使い方を教えてもらい、分厚い書類を使って猛練習しました。これも半年後には誰よりも早く計算できるようになった。

のちにパソコンが導入されたときだって、得意な先輩に教わって練習し、ブラインドタッチで誰より早く打てるようになった。さすがに1年ぐらいかかりましたが、「一番になるまでやめない」と決めているのだから、当然のように一番になります。

人より出遅れているぶん、誰よりたくさん働くのが当然と思っていました。最初は何もできないので、雑用は一手に引き受けた。会社には朝6時に来て、深夜0時までいました。でも、タイムカードは朝9時～夕方5時で切っていた。まだ会社に利益をもたらしていないことを心苦しく感じていたからです。

本部から視察が来たときに、これをとがめられたことがあります。

「なんでお前だけ定時で帰っているんだ！　みんな残業しているのに！」

なまじ体育会系なので言い訳はしません。「すいません！」の一言です。

あとで支店長が「清水君は誰より早く来て、誰より遅く帰っています」と説明してくれたらしく、翌日、「あんたみたいなタイプは、いまどき珍しい」と、逆に褒められました。「頑張れよ」と声をかけてくれた。

相手を見極めるのがポイント

営業でもメキメキ成績が上がっていきました。頭のいい人間は効率よく動こうとして、サボりがちですが、僕は絶対にサボらない。愚直に努力するぶん、結果がついてくる。営業成績はすぐトップクラスになりました。

消費者金融の回収と聞くと、ドラマで見かける怖い取り立てを連想されるかもしれません。でも、強面《こわもて》の恫喝《どうかつ》ばかりでは絶対に回収できない。一度は返してくれても、次からは逃げ回るようになるからです。催促しようにも、本人とまったく連絡がつかなくなったらお手上げです。

僕も入ったばかりの頃は、そうした強面風の取り立てをしたこともありますが、それでは埒《らち》が明かないと、すぐに気づきました。怒鳴ってお金が返ってくるならいいけれど、返ってこないなら、別の方法を考えるしかない。

そこでソフト路線の回収を心がけるようにしたら、回収率がものすごく上がった。やさしく話しかけて、まずは「僕はあなたの敵じゃない」と理解してもらう。むしろ相談に乗ってあげるようにするのです。

このとき大切なのは、ゆっくり話すこと。大声でまくしたてたら、債務者も電話を切りたくなってしまう。逆にゆっくり話すことで「やさしい印象」をあたえられる。卓球の試合じゃないけど、すべては心理戦です。

雨の日にわざと傘をささず、びしょ濡れになって訪問するテクニックも生み出しました。バケツの水をかぶったみたいに、全身ビショビショです。哀れに見えるのか、それでおカネを返してくれたこともあった。

電話には出ない、居留守を使う。そんな債務者も少なくありません。だから、どうやってそこを突破するかを考えました。たとえば鈴木さんのアパートを訪ねてドアを叩き、

「鈴木さーん」と呼んだって、取り立てが来たと思うから絶対に出てきません。だから、隣の人の名前を調べてわざと「山田さーん」と声をかける。すると油断して、「山田さんは隣の部屋ですよ」と出てくる。笑い話のようなエピソードですが。

何より大切なのは、相手がどんな人間であるかを見極めることです。ちゃんと返してくれる人に貸すのが、基本中の基本。意外と、この基本が守られていなかった。

世の中には2種類の人間がいます。借りたら、返すのが当然と考える人。僕を含め、日本人の大半はこちらだと思います。返済が遅れたときは「どうしよう」ってドキドキするから、このタイプには心理戦が通用する。

一方、「返す金なんかない。仕方ないだろう」と開き直る人もいます。取り立てされてもドキドキしない。こういう人からは回収しようがないのです。だから、最初から無駄な努力はせず、法的手段に訴える。絶対に勝てない相手と闘ってはいけないのです。この経験が、のちに「雑草とは闘わない」農法に反映されます。

25歳で営業のトップに

長崎県のなかでも成績の悪かった佐世保支店へ応援に行って立て直したことを評価され、僕は21歳のときには北海道・北見支店の支店長に大抜擢されます。全国100支店ぐらいあるなかで最下位クラスの支店で、誰も行きたがらなかったのです。だから、若い僕にお鉢がまわってきた。

でも、僕はその北見支店の営業成績を半年で日本一にしてしまいます。営業成績というのは、利回り（貸付金額に対する回収金額の割合）で評価される。売上だけだと、当然、大都市のほうが大きいに決まっているし、そもそも売上の数字は不正もできる。利回りだけは絶対にごまかしがききません。

自分より優秀な人間はいくらでもいましたが、チームプレーで自分に勝てるやつはいなかった。部活ではつねにキャプテンでしたし、部下を「その気にさせる」のがうまかったのです。北見支店でも、目標を色紙に書かせて、つねに意識させました。

もらった給料は全部、部下に食事をおごるのに使いました。会社の外でも夢を語った。部下の誰もが「いまはビリでも、頑張ったら日本一になれる」と信じられる環境を整えていったわけです。**まずは仲間をワクワクさせた**。

当時はどこの支店でも、上司におべっかを言う人間ばかり出世して、成績で評価されることがありませんでした。それを改めたことも大きかった。数字で評価されるシステムを作ったのです。これで部下たちが本気になった。

仕事の効率化もはかりました。毎月必ず返してくれているのに、今月だけたまたま返済が遅れたお客さんに、ベテラン社員が電話をかける必要はありません。そんなのは新人でもできる。ベテランには、もっと難しい案件を担当してもらう。

返済が1日遅れている人、2日遅れている人、3日遅れている人……。ケースごとにリスト化して、いつどう催促すべきか、一瞬でわかるように工夫した。

社員のやる気と、仕事の効率化、両方あったから、日本一になれた。

このへんから、社内で有名になります。次は北海道全体のブロック長をやって、北海道ブロックの営業成績を日本一にしました。そして東京の本部に移り、25歳のときに全営業部隊のトップに立った。本部スタッフが200人、支店スタッフが1500人程度の会社でしたが、25歳の若造がこんな地位につくなんて異例でした。

ただ、可愛がってくれた会長には見えていたのかもしれません。入社5〜6年目の頃、本部の会議に呼ばれていったことがあります。大きく股を開いて座るのが癖になっていて、それを会長に注意された。「足を閉じなさい」と。でも、ベテラン幹部たちが居並ぶなか、続けてこう言ったのです。

「5年後、たぶんこの子が会社の上に立ってると思うよ」

単に鼓舞するための言葉だったのかもしれませんが、雲の上の存在が自分の価値を見抜いてくれた気がして、ものすごくうれしかった。「会長のためなら死んでもいい」と、それまで以上に働くようになりました。仕事だけの毎日に拍車がかかった。

7社の社長を歴任

その後、この消費者金融会社は他社へ売却しますが、会長は他にもさまざまな事業を展開していたので、僕はグループに残って、7社ぐらい子会社の社長をやりました。金融以外にも、ホテル経営、ゴルフ場経営、不動産経営、温泉旅館の経営……。本当にさまざまな業種を経験した。

もちろん会長の指示が良かったのでしょうが、結果だけ言えば、すべての子会社の業績を立て直しました。

印象に残っているのは不動産です。当時、うちの会社は400戸ほどの貸し部屋をもっていたのですが、7割程度しか借り手を見つけられていませんでした。それを僕は99％埋めた。

秘訣なんてありません。「練習量がすべて」と信じているから、とにかく足を使った。飛び込み営業です。都内の不動産屋は100軒以上回りました。甲府や前橋の不動産屋だって、いまだに場所を覚えているほど通った。

営業の肝は、相手の事情を知ることです。たとえば、ある大手不動産会社は、社員に目標を達成させるため、そこまでに高いインセンティブをつけていました。ところが、目標達成以降はインセンティブがガクンと下がる。社員としては、目標を達成したら、それ以上は働く気になれないわけです。

そこで「それなら、会社の目標なんか20日間で達成してしまって、残りの10日間でうちの物件を手がけてよ。そのぶんのインセンティブは払うから」と交渉するわけです。向こうにもメリットがある話なので、優秀な社員ほど喜んでくれます。

取引先に営業をかける場合、相手もサラリーマンのことが多い。その場合、どうすれば相手が社内で評価されるか、相手が得するかを考える。

こうした営業のコツを身につけたことは、いまの仕事にずいぶん役立っています。販路開拓の際、スーパーにせよホームセンターにせよ、付き合いがゼロのところから、飛び込みで契約をとりつけるわけですから。

ストレスで病気に

会長は社内でも厳しいと言われていたけれど、僕は厳しいと思ったことがありません。すごく可愛がってもらったし、いろいろなことを教えてもらった。いただいた手紙やファックス、発言メモまで、いまも大切に保管している。いわば心の師です。

とはいえ、雇われ社長というのは、絶対に失敗できません。特に僕は責任感が強すぎるタイプなので、「もし業績が上向かなかったら、死んで詫びよう」とまで考えていました。比喩《ひゆ》ではなく、本気で死ぬつもりだった。

でも、積もり積もったストレスが体に出始めます。入社時の視力は2・0だったのですが、30歳の頃には0・1になっていた。

汗をかかない病気にもなりました。後天性無汗症という難病で、体の一部しか汗をかかないため、体温が下がらない。万全の注意をはらわないと死んでしまう。現在も、夏場は氷水をかぶりながら農作業をしています。

この病気が厄介なのは、体が熱くなるだけでなく、頭もボーッとしてしまうこと。この症状が出ると、事務作業もできなくなってしまう。各地の病院にかかりましたが、治療法はなく、炎天下では無理しないことを心がけるしか対策がありません。

群発頭痛も発症しました。映画でハリー・ポッター役を演じたダニエル・ラドクリフさんの持病として有名になりましたが、目の奥をナイフでえぐられるような痛みが走る。これも治療法がないので、鎮痛薬を飲んで横になっているしかない。

こうした病気は、いまも治らないままです。風邪なんかほとんど引いたことがないくせに、難しい病気になってしまう。

実は、病気は他にもかかえているのです。スポーツをやっていた頃からですが、現在もときどき、足に激痛が走って歩けなくなります。さらに農業を始めてからは、梅核気《ばいかくき》とも呼ばれる咽喉頭《いんこうとう》の異常や狭心症という病気が加わった。梅核気はストレス性の病気で、のどに梅の種がつまったような感じになり、息がしにくくなる。

でも、当時は本気で「死んでもいい」と思っていたので、病気なんて怖くもなんともありませんでした。ただ一度だけ、「このままじゃヤバイのかも」と感じた出来事があった。数年前に結婚した嫁さんが、「あんた、なんか死にそうだよ」と、僕を無理やり外へ連れ出したことがあったのです。顔色が異常に悪かった。

ストレスが体の内外に噴出しているわけで、潮時だったということでしょう。それに、「そろそろ自分で事業をやってみたいな」と思うようにもなっていたのです。自分の責任でやるぶんには大失敗もできる。そんな挑戦をしてみたいと。

なぜネギだったのか？

そんなとき、嫁さんの実家がある山形県の天童市で、親戚のおじさんから愚痴を聞かされます。農業に元気がまったくないのだと。年寄りの農家しかいないので、「あんたが元気にしてくれ」とまで言われた。すぐその気になってしまう性格です。

「ようし。じゃあ、俺が山形の農業を元気にしてやろうじゃないか！」

それまで、さまざまな業種を体験して、自信もあったのです。自分なら、農業だって簡単に成功させられる。またたく間に日本一だと（そんな甘い世界ではないと気づくのに、ほとんど時間はかかりませんでした）。

それでも1年間は悩みました。家族も親戚も反対した。天童市で話を聞いても、新規就農で成功した例がほとんどない。

実は、周囲に説得されて、一度はあきらめたのです。ところが、悔しくてひと晩泣いたらスッキリして、翌朝には「やっぱりやる！」と宣言。「お前、昨日、号泣してなかったか？」と言われましたが、「知ったことか」です。もう肚《はら》は決まった。

会社を辞め、天童市に移り住んだのが２０１１年3月。30歳のときです。

イケイケのムードのまま移住したので、まず考えたのは「３年で天下とろう！」ということでした。３年で日本一になれなかったら、あきらめると。

じゃあ、どんな作物なら、３年で日本一になれるのか？　スーパーを何軒もはしごして研究しました。

山形県の名産といえばサクランボ、ラ・フランス、リンゴといった果物で、天童市にもたくさん農家があります。「樹液の流れがわかる」みたいな達人もいる世界で、さすがにこのジャンルで勝てるとは思えない。農作業の経験すらないわけですから。

コメのように機械化が進んでいる作物も避けようと思いました。機械化されていたら、大規模農家が圧倒的に強いし、機械を導入するためには資金力も必要です。実績もないのに、金融機関からお金を借りられる自信がなかった。

それに、機械化が進んでいなければ、人力でやるしかない。作業がしんどいぶん、やりたがる人は減る。機械化されていない作物のほうが、ライバルは少ないはずです。

そこで、栽培期間に注目しました。小松菜やレタスといった野菜は1ヵ月半ぐらいで収穫できます。畑に植わっている期間が短いぶん、災害や病気にやられるリスクが低い。逆にいえば畑に長く植わっている野菜はリスクが高いので、農家から避けられる傾向がある。ネギは半年も畑に植わったままだから、そのぶんライバルも少ないんじゃないか? そう考えたわけです。

営業1課ねぎびと
ネギを選んだ理由は、もうひとつありました。「味がわからなそう」というイメージでした。
トマトの品種にこだわったり、ジャガイモの産地にこだわったり、蕎麦の香りについて熱く語る人はいっぱいいます。でも「ネギは○○産しか食べない」「○○品種のネギしか買わない」といった声を聞いたことがありません。

消費者が味にさほどこだわっていないなら、ド素人の自分が作っても「まずくて食えない」なんて言われないだろう。味が関係ないとしたら、「どれだけたくさん作れるか」の勝負になる。自分のようなド素人でも、力ずくで勝てる気がしたのです。

まだ前の会社にいた頃、農業の事業プランを練ったことがあります。先日、そのプランを見つけて、笑ってしまいました。

社名として「営業1課ねぎびと」と書いてある。なぜ営業1課かというと、消費者金融時代に営業1課長として活躍したからです。営業には絶対的な自信がありましたから、得意なジャンルを農業にもちこもうと考えたのでしょう。

当初のイメージとしては、農作業はすべて従業員に任せ、僕は営業チームを引き連れて全国を売り回ろうというものだった。しかし、実際には、営業が得意な人なんて、一人も採用できませんでした。それどころか、栽培のほうをやってくれる人も集まらない。そんなわけで最初の1～2年は僕自身が畑に入り浸ることになり、冒頭の「朝か夕方かもわからない生活」につながっていきます。

いずれにせよ、会社組織で農業をやることが前提だったわけです。大勢の人を集め、機械でなく人海戦術で勝負するという意味でも、ネギは最適でした。小ネギの場合は大規模農家がいるのですが、白ネギでは多くない。だとすれば「どれだけたくさん作るか」で日本一になれる可能性がある。

長く植わっているぶん避けられがちで、大規模農家が少なくて、機械化されていないため作業がきつくて、味がわかりにくいので生産量の勝負になって……。さまざまな要因から「ネギで決まりや！」となったわけです。

もう苗は作っちゃいました！

親戚にネギ農家がいたので、まずは見学に行きました。

でも、前職の気分が抜けきっていません。ダブルのスーツでピカピカの革靴、髪型はオールバックです。そんな格好でいきなり現れ、「ちょっと教えてくれない」とやったものだから、「危ないやつが来た」と思われました。

自分としては、それが正装だったのです。寝るときはパジャマ、運動するときはジャージ、働くときはスーツ。それぞれのシーンに合った格好をしないと、気持ちがついてこない。前の会社でも、部下には口をすっぱくして言っていました。

「パジャマで仕事ができるか？　ビシッとした格好してこい！　髪の毛1本、乱すなっ！」

たまたま天童市には「ネギの神様」と呼ばれる農家がいました。いまは天童市農協の組合長をされている金平芳己さんです。いわば僕の「農業の師匠」で、いまも面倒を見ていただいています。

初めて師匠に教えを乞いにいったときも、最大限の敬意を見せて、ダブルのスーツでした。ネクタイをしないなんて考えられなかった。でも、「疑問点があるなら、いつでも聞きにきていいけど、畑でスーツはやめろ」と言われました。

それからは毎日のように通いました。毎日100個は質問したと思います。師匠からは「なんてしつこいやつなんだ」と思われたでしょう。

とにかく細かいところまで納得しないと、引き下がれない性分なのです。「草取っとけよ」と言われたら、「どこからどこまでの雑草ですか？」「右から取っていくんですか？左からですか？」「全部をいっぺんに取ったほうがいいんですか？それとも背の高いのだけ先に取って、成長の遅いやつはあとで取るんですか？」……。次から次へと質問をしまくる。

師匠も最初は奇異の目で見ていたはずですが、次第に「こいつ、本気でやる気なんだな」と思ってくれるようになった。

ただ、栽培面積についてだけは怒られました。日本一になるには、大規模にやるしかない。だから毎日、車で近隣を回って、すでに1町歩かき集めていた。天童市のネギ農家では一番の栽培面積で、師匠と同じレベルでした。

とはいえ、40年間やっているネギの神様でも1町歩なのです。普通は5年目で3反歩(約30アール)程度だから、その3倍の面積を初年度にやるなんて無謀そのもの。「できるか、そんなもん！」と怒られました。

「でも、もう1町歩ぶんの苗を作っちゃいました。苗があるから、自分のケツを叩くと思うんですよね。そうでもしないと、自分は焦んないっす！」

僕の反論に、師匠はただただあきれていました。

日本一を目指す意味

師匠の忠告はまったく正しく、一日20時間働かないと、1町歩は栽培できませんでした。ずっとスポーツをやってきた僕でも、しんどくて死ぬかと思った。

それでも、畑は増やし続けました。2年目には2・7町歩。師匠が若い頃、最大でやったのが2・2町歩です。2年目にそれを超えた。

3年目には、さらに倍の5・4町歩。5年目には7町歩、7年目に9町歩、8年目に10町歩と増やしていった。

作物を作っていれば農家と呼ばれるわけではありません。地元の農業委員会で認定されて初めて農家を名乗れる。僕は最初、そんなことすら知らなかった。僕は農業を始めて2年目の年に、農家として認定された。そういう意味で2年目の年が、正式な新規就農の1年目ということになります。

3年以内に日本一になるのが目標だったので、全国の農業改良普及センターに電話をかけまくりました。弟子と二人で、朝8時から夕方5時まで、2日間、電話しまくった。「新規就農2年目で5・4町歩を栽培しているネギ農家はいますか?」

そんな農家は存在しなかった。ここで、晴れて日本一を達成したわけです。農業を始めて3年目、新規就農でいえば2年目に当たる2013年です。

ひょっとすると、「日本一? だから何?」と思われた読者もいるかもしれません。その通りなのです。でも、まずは目標を設定して、自分に負荷をかけることで可能になることも多い。苗を先に育てたから、いきなり1町歩が作れたのと同じです。

本気になった人にしか見えない光景があります。高校球児だって「甲子園で優勝したからって、何?」では切り捨てられない経験をしているはず。僕の場合もそうでした。無理して日本一を目指すなかで、新しい栽培法を見つけ、農業界では珍しい売り方を実現し、まだ誰もやっていない新ビジネスを生み出した。

10町歩以上を栽培している大規模ネギ農家は他にも存在します。だから「新規就農2年目で最大」という限定をつけたわけですが、そうやって細分化してでも日本一を目指す意味はあると思うのです。

ソフトバンクの「つながりやすさNo.1」というCMを見て、涙を流したのは、日本で僕だけだと思います。「同じことを感じているやつが、他にもいるんだ」と思うと、なんともうれしかった。その心意気に泣けた。

営業部隊の数でNTTドコモには勝てなくても、何か日本一になれることがあるはずだ、とソフトバンクは考えたのだと思います。「どこでなら日本一になれるか？」と探した結果が、つながりやすさという細分化だった。

何でもいいから一番になる。一番になれなければ負けだと思えば、負けたときに悔し涙を流すでしょう。それぐらい本気になるからこそ、目の前の仕事に集中して、人生は豊かになっていく。僕はそう考えています。

第2章　なぜ1本1万円だったのか

●値段が変わらないのなら量を変えてみる
●高いものを安く見せる
●交渉の前の事前準備が勝負を分ける

畑が手に入りやすくなった

２０２０年にねぎびとカンパニーがネギを植えつけた面積は９・２町歩。畑は65ヵ所に点在しています。

８年目の２０１８年に10町歩まで増えた話はしましたが、２０２０年に初めて面積を縮小した。悪い畑を返還し、いい畑を新たに借りて、より少ない面積で栽培する方向に舵を切ったからです。

この背景には、この2～3年、畑が借りやすくなったことがあります。高齢化が進み、廃業する果樹園が増えてきた。山形県には果樹園が多いのです。

ネギという植物は湿気を嫌います。水はけの悪い土地に植えると、腐ったり病気になったりしてしまう。だから、田んぼの耕作放棄地がどれだけ見つかっても、借りません。砂地の水はけのいい土地のほうがいい。

蕎麦畑だった土地は比較的合うのですが、畑に落ちている蕎麦の種が厄介です。蕎麦の繁殖力は雑草よりも強い。ネギより先どころか、雑草よりも先に蕎麦が大きくなってしまい、ネギの成長の邪魔をする。

それを考えると、果樹園はいい。一度、苗木を植えたら何十年と耕しません。地面の下

伐根作業

が空気にさらされないので、土の中は嫌気性微生物の楽園です。有機肥料をよく分解してくれる。しかも、雑草を刈ったままにするので、緑肥（130ページ参照）をやっているのと同じ。借り受けたときから、土がフカフカな場所も多い。「水はけがいい場所」という条件さえ満たすなら、元果樹園はネギ栽培に最適といえます。

師匠からはずっと「伐根《ばっこん》してまで果樹園を使うな」と指導されていました。木を抜くのに金も時間もかかって無駄だ。耕作放棄地はいくらでもあるのだから、そんな苦労をする必要はないと。でも、計算してみると、少し事情が違う。

「伐根代が20万円でも、行政から1反歩当たり7万円の補助が出るから、かかる費用は13万円。その果樹園を畑に変えて年150万円の売上がたつなら、使うべきじゃないですか?」

たとえ、初期のコストがかかっても、その分、売上アップで十分元がとれる計算が立つなら、投資をすべきでしょう。

師匠も、このときだけは「そうだな」と意見を変えました。

果樹園にはビニールハウスも残っていれば、果樹もそのまま残っています。撤去するのに手間がかかるため、一般的な耕作放棄地と違って、借り手はまず見つからない。自分でハウスを解体し、伐根して、そこにネギを植えるなんて面倒なことをやったのは、天童市でおそらく僕が初めてだと思います。

ただ、その決断のおかげで、これまでになく「いい畑」が手に入るようになった。放棄されたままの元果樹園が減るので、天童市の農業委員会も喜んでいます。

耕作放棄地だから成功した

といっても、こうした好循環が生まれたのは、つい最近の話。なんの実績もない最初の頃は、畑を集めるだけで苦労しました。その畑がネギ栽培に向いているか、向いていないかなんて、考える余地もなかった。

新規就農者なら誰しもボヤくことですが、地方には「先祖代々の土地を余所者《よそもの》なんかに貸せるか」という雰囲気が残っています。

たとえば隣の山形市では、天童市より15年早く、果樹のビニールハウス栽培が始まっています。そのぶん放棄された果樹園も多いのです。ところが、余所者にはなかなか貸してくれない。どんなに草ボーボーになっていても、話さえ聞いてくれません。

天童市は山形市に比べたら、まだ余所者への警戒感が薄い印象があります。でも、1年目に1町歩を集めたときは、毎日毎日、畑集めに駆け回る日々でした。それだけ必死に探しても、耕作放棄地しか借りられなかった。

ただ、いまにしてわかることもあります。耕作放棄地というのは、いいネギが育つのです。何年も作物を作り続けた畑と違い、土の栄養がかたよっていない。いろんな雑草が生えては枯れ、土の養分になっているので、地力《ちりょく》がある。

大きな難点は雑草です。放棄されていた間にものすごい数の雑草の種が落ちていますから、次から次へと生えてくる。ネギを育てているのか、雑草を育てているのか、わからなくなるほどです。

そんなわけで、雑草取りは死ぬかと思うほど大変だったものの、1年目から、それなりのネギは育ったのです。いまのレベルと比べたらお話になりませんが、世間一般レベルのものはできた。

天童に来たばかりの頃、役所の人から「素人が1町歩も作れるはずがない」と、さんざんバカにされました。ネギが育った頃、その人と道ですれ違ったので、軽トラのクラクションをバババババババァーと鳴らして、呼びとめた。

「これを見ろお！　ちゃんと育ったじゃないかぁ！」

ネギはそれなりの出来だったし、ちゃんと1町歩作ったので、「素晴らしい。認めます」と言ってくれました。

売上400万円あれば十分だよ

栽培面積を増やすことにこだわったのは、もちろん「日本一」もあるのですが、もっと切実な事情がありました。

農業を始めた頃、農協の人、親戚の農家、普及センターの人など、多くの人から話を聞きましたが、農協の人がこう言うのです。

「売上が400万円もあれば、生活できる。いきなり400万円いったら、農協から表彰されるよ」

いったいどういうことなのか、意味がわかりませんでした。少し前まで何千億円の売上の会社を管理していた自分としては、あまりの感覚の違いに愕然とした。ケタがいくつも違う。

　400万円はあくまで売上であって、そこから資材費や燃料費、地代などを引けば、250万円も残りません。僕の場合、その250万円から従業員の給料を払う必要がある。どうやって生活していけるのか、正直「？？？」でした。

　実際、初年度の売上は400万円でしたが、従業員やパートさんに給料を払えば赤字でした。機械への初期投資もあったため、貯金を使い果たし、2年目にはスッカラカンでした（実際は借金をしてマイナス90万円ぐらいでした）。

　だから、面積を増やすしかなかったのです。倍々ゲームで面積を増やすとともに売上は伸び、2年目は2700万円、3年目は5400万円になった。3年目ぐらいでようやく「食っていけるな」と、胸をなでおろしたものです。

　周りの農家からは、こう言われていました。

「1反歩で100万円ぐらいの売上にはなるよ。まあ、最初だから1反歩50万〜60万円になれば御の字じゃないの？」

　天童市のネギ農家の平均栽培面積が5反歩ですから、だいたいみんな500万円ぐらいの売上ということなのでしょう。僕は初年度から1町歩やったので、500万〜600万円になれば上出来という計算になりますが、結果は400万円だった。

「1町歩なんか不可能だ。最初は1反歩から始めるほうがいい」

本当にいろんな人から、そう説得されました。でも、もし1反歩だったら、売上は40万円しかなかったわけです。この売上で、どうやって家族を養うのか？　利益がどうこう以前の問題として、ある程度の面積がなければ食っていくことすらできないのです。

農業の世界の常識って、いままで生きてきた世界の常識と、なんか違うぞ――。いきなりそれを実感させられた1年目でした。

ちなみに、現在の1反歩当たりの売上は170万円ぐらい。普通の農家の倍近くあるのは、反収（1反歩当たりのネギの収量）が多いことと、出荷する際の卸値が高いことが理由です。反収を上げる工夫については次章で紹介しますので、本章ではネギの値段を上げる努力について語りたいと思います。

お前だけ本所所属だ

自分が余所者扱いされているのは、ことあるごとに思い知らされました。ネギが育ったあともそうです。

収穫したネギは、外側の皮をむいて出荷しますが、この作業をやる場所が見つからない。どこの馬の骨かわからないやつに貸す作業場はないわけです。駆けずり回って、知り合いの好意でようやく小さなビニールハウスを借りられましたが、水道もトイレもありませんでした。

皮むきが終われば、梱包して出荷です。初年度は正式な農家ではないので農協に出すことはできませんが、農家として認定された2年目からは、農協へ出せるようになる。ここでトラブルが続出しました。

農協を通じて出荷する作物は、みんな一緒くたにして「天童産」として出ていくのです。そうすると、「あんなド素人のネギと一緒にされたくない」と、他の農家から声があがった。

普通は畑がある場所の農協の支所に所属して、そこに作物を出すのですが、メンバーたちから拒否されたわけです。農協職員や市役所職員が説得してくれましたが、首を縦に振らない。結局、僕だけ「本所」という新しい支所の所属になった。天童市農協が始まって以来の珍事です。

その後も、出荷停止を食らったり、部会に入れてもらえなかったりした。自分の思いをギャンギャン主張する性格であることが災いしたのか、とにかく嫌われた。

さらに嫌気がさしたのが、買取価格でした。農産物の値段は競りで決まる。2年目のとき、ネギは大豊作で、値段が暴落していました。1反歩100万円どころか、30万〜40万円にしかならなかった。1年間で栽培技術も少しは上がったのに、逆に初年度より単価が下がってしまった。

1反歩30万円の売上にしかならなければ、当然、赤字です。栽培面積を大きくすればするほど、赤字幅は広がっていく。いきなり倒産の危機です。

ネギの品質や原価と無関係に価格が決まるって、どうなの？ 農業の世界の人には常識なのかもしれませんが、自分にはものすごく違和感がありました。「この先に未来はないんじゃないか？」と思ったのです。

それまでは**栽培面積にばかり注目していたけれど、単価の問題にも取り組まないといけない**と痛感しました。

物量は力なり

そこで全国のネギの値段を調べると、面白いことがわかりました。その年の天童市のネギは1ケース（Lサイズで45本程度）900円でした。一方、青森県十和田市では「ぼけしらず」というネギが1ケース1500円もしていた。1・7倍です。

いったい何が、この違いを生んでいるのか？ 気になったら、まずは突撃するのが僕の流儀です。すぐ十和田市の農協まで車を走らせ、高く売れる理由を聞きました。

物量は力なり——。どこかの農協で目にした言葉ですが、まさにこれだったのです。ビールでも清涼飲料水でも、1本で買うより1ダースで買うほうが、1本当たりは安くなる。これが世の中の常識です。ところが、農産物の世界はまったく逆だった。1ダースより12ダースのほうが高くなる。

ファミリーレストランでもファストフード店でもスーパーでも、チェーンでは同じ品質の野菜を大量に欲しがっています。彼らがもっとも恐れているのは欠品であって、それを避けるためなら、多少は多く支払ってもいいと考えている。**「高い値段で買うから、同じものをまとめて仕入れさせてよ」というニーズがある**わけです。

だから、大量のネギを出荷できる農協のほうが有利なのです。そうした農協のネギは、市場で競りにかけられても、仲卸に直接買われるとしても、まとめ買いされるため、高い値段がつく。物量をもっているところが、競争力をもつ。

目が覚める思いでした。「そういうことか！」と。市場関係者はともかく、農家でこの事実に気づいている人はそういないと思います。

ネギの栽培面積を比べると、天童市は十和田市の8分の1しかありませんでした。物量がケタ違いに少ない。これでは永遠に安いままでしょう。有力な買い手は、大量確保できる十和田市のほうを選ぶからです。

「農協だけに頼っていちゃダメだ。別の出荷先を見つけないと」

これが、僕の出した結論でした。当時は1〜2町歩のレベルでしたが、畑はどんどん増やすつもりでいました。いずれ自分の会社の物量が力を発揮する日が来るかもしれない。そう考えたわけです。

いま、うちでは1年に4・7万ケースのネギを出荷するようになりました。天童市農協のネギ部会は約40人いますが、そのすべてを合わせても3万ケースにしかならない。1社で、農協全体の出荷量を超えているから、「物量は力なり」を発揮できる。このことも単価を上げるのに役立っています。

まずは蕎麦屋を攻略

農協に出さないとしたら、どこに出せばいいのか？

最初に目をつけたのは蕎麦屋でした。蕎麦屋はネギのヘビーユーザーで、山形県は蕎麦どころだから、たくさんお店があるのです。

初年度は農家の資格がないので、軽トラに載せて売りにいったりしていました。

朝は農作業、夜は出荷準備がありますから、僕が動けるのは昼間しかない。ランチタイムにネギの売り込みをするわけで、行く先々で怒られました。でも、初年度で50軒ぐらいは契約してくれた。

蕎麦屋にとってもメリットは大きかったのです。新鮮なものが、市場を通すより安く手に入るわけですから。

うちのネギが蕎麦屋が好むタイプの品種だったという理由もあります。ネギには縦伸びする品種と、横太りする品種があって、初年度は縦伸びする品種を栽培していた。大半の農家は横太り品種を選んでいたので差別化できると思ったし、縦伸び品種のほうが成長は速いので、誰より早く売れて有利だと考えたのです。

縦伸びする品種は皮が柔らかくて、あまり辛くない。蕎麦屋では生で食べることも多いので、その点を気に入ってもらえたようです。

ただ、皮が柔らかいというのは、畑で腐りやすいことをも意味します。おいしいけれど、弱いのです。そのせいか、初年度は病気にやられまくってしまいました。だから、2年目からは横太りする品種にかえ、いまにいたります。

とはいえ、次章で見るように、僕は皮が硬くならない育て方をしています。横太り品種でも、柔らかく作ることができる。だから、蕎麦屋から「前みたいに柔らかくないじゃないか」なんて文句を言われたことは一度もありません。

農協への出荷をゼロに

さらに2年目からはスーパーに営業をかけ、直接買ってもらうようにしました。直接やりとりすれば、競りをスキップできるからです。

山形県に展開しているおーばん、山梨県・長野県・静岡県などに展開しているオギノなど、地域密着型のチェーンからのスタートでしたが、4年目に首都圏に展開しているいなげやと契約してからは、全国展開のスーパーでも扱ってもらえるようになりました。

当時、うちのオフィスには大きな日本地図が貼ってありました。そこに「売るところはいっぱいあるぞ！」「どれだけ作っても足りん！」なんて書き込んでいた。自分の得意分野は営業だと自負していますから、とにかく営業をかけまくって、全国にうちのネギを流通させようと考えたのです。

毎日毎日、朝から晩まで「すみません」「すみません」と電話をかけまくりました。目標さえクリアであるなら、無限に営業電話をかけられるタイプなのです。まったく苦にならない。一年365日、僕には休みというものがありません。そこらの営業マンとは、そもそも練習量が違うのです。

流通の問題もあるので日本全国とはいかなかったけれど、2020年夏現在、うちが卸しているスーパーは29社にまで増えました。三越伊勢丹や髙島屋などの百貨店、クイーンズ伊勢丹など高級スーパーとも取引があります。

このうち山形県のスーパーは、総売上の1・5％しかありません。地元以外の土地でネギを売る農家になったわけです。特に東京の比重が大きい。

実は、このことが非常に大きな意味をもったのです。やはり東京の購買力は圧倒的です。うちもいまだに山形県では2本198円の値段設定しかできませんが、東京では2本298円の値段がつけられるようになった。**購買力の強い土地で販売できるようになったからこそ、単価を上げることに成功した**わけです。

2年目は農協が4割、飲食店が3割、スーパーが3割。そこからスーパーとの直取引が拡大していったので、3年目からは農協との取引はゼロになりました。

同じ値段で売れるメリット

蕎麦屋やスーパーとの直取引を始めて、ぼろ儲けできるようになったか？　そんなことはありません。農協に出荷するのとさほど変わらない値段で出していたからです。1ケースで300円ぐらい高い程度だったでしょうか。時期によっては「農協に出していたほうが儲かったよなあ」ということもありました。

でも、それでいいのです。うちのような無名の会社が契約を多くとれたのは、蕎麦屋やスーパーが「市場で買うより安い」と思ってくれたからなのです。

利益が大きく増えたわけではないものの、狙いはそこにはない。**直取引の最大のメリットは、1年間、安定した売上が確保できること**なのです。

市場を通すと、ネギの値段は乱高下します。品薄の時期には倍になるし、品物があふれている時期は半分になる。

もちろん、倍の値段で売れるなら、それは大きなメリットです。しかし、あっても1年に数日ですし、なにより出荷能力には限界があります。値段が倍になった日だけネギむき機を増やすなんて不可能ですし、いつ倍になるかわからないので、事前に出荷作業をする人間を確保するのも無理です。

要は、倍になるメリットはほとんど享受できないのに、半分になるデメリットが経営を揺さぶる。デメリットのほうが大きいわけです。

家族で細々とやる農業なら、影響はさほどないのかもしれません。価格が暴落したときは出荷しなけりゃいい。でも、僕は会社として農業をやっている。毎日出荷して、従業員に給料を支払う義務があります。アルバイト・パートの人たちだって、時給が日によって倍になったり半分になったりしては、生活に支障が出てしまうでしょう。

だから、スーパーが毎日、定額で買ってくれることが、ものすごくありがたかった。それだけで経営が安定するし、事業計画もたてやすくなるからです。

こういう観点って、会社組織で農業をやるからこそだと思います。家族経営でやっている農家は、ここまで売上を安定させることを考えなくていい。ほとんどの農家は家族でやっているので、こうした観点はほとんどもっていないはずです。

第3章では生産法の工夫、第4章では経営の多角化、第5章では組織の生産性向上の話をしますが、僕が経営者目線で見ているから、普通の農家とは違った行動をとっているのでしょう。

2本セットにすりゃいいじゃん

プロローグで紹介したように、ネギの値段はこの20年、平均するとほとんど変わっていません。肥料代も農薬代も燃料費も人件費も、みんな1・5倍にはなっているのに、小売価格だけが変わらない。本来なら、ネギの小売価格も20年前の1・5倍でおかしくないのです。これでは農家はやっていけません。

うちも初めて山形県のスーパーに出したときは3本98円でした。翌年には3本158円になり、その翌年には3本198円になった。

さらに単価を上げる大きなきっかけになったのは、2本売りにしたことでした。3本198円を2本198円にできたときに、大きなステップを踏み出すことができた。

昔から続いてきた3本セットは、いまや意味合いが薄れています。地方の大家族ならともかく、東京の核家族では、使いきれずに1本捨てている人も少なくない。そこで、2本セットで売ることを提案したわけです。

それまでの常識を打ち破ることは簡単ではありません。スーパー側は当然、反対しました。そこで、こう説得したのです。

Lサイズのネギなら、段ボール箱1ケースに45本入っています。これを3本ずつセットにすると、15セットできる。1セット198円で売るから、総売上は2970円です。一方、これを2本セットにした場合、23セットできます（うちではLサイズを1ケース46本入りで出していました）。1セット198円で売ると、総売上は4554円になる。

まったく同じ1ケースのネギが、何本で束ねるかで、売上は53％もアップする。「**おたくにとっても得になる話なんだから、試すだけ試してみてよ**」と。結果はすぐ出ました。なんの問題もなく売れた。

小売価格をいきなり1・5倍にすることはできません。3本298円では、消費者から拒絶されたでしょう。でも、**値段は198円のままで2本セットにしたら、実質1・5倍**

の値上げでも受け入れられた。これまでより品質のいいネギだと消費者が納得してくれれば、文句が出ることはないのです。

スーパーの売上が5割増するわけですから、うちの卸値も少し上げてもらう。これで利益が増えました。ネギの値段が1・5倍になって、ついに原価の高騰に追いついた。2本セットに変えるだけで、20年間の遅れを一気に取り戻せたわけです。

2L理論

数字で考えれば、いろんなところに利益を増やすヒントが見つかります。たとえば、ネギのサイズです。

農作物には規格があります。ネギでいうと、長さは60センチと決まっています。規格は県によっても違いますが、山形県の場合、太さは、Mサイズが1・3〜1・6センチ未満、Lサイズが1・6〜2・0センチ未満、2Lサイズが2・0〜2・6センチ未満。

スーパーや飲食店に直接出す場合はそこまでうるさく言われませんが、農協に出す場合は、規格にきっちりそろえないとハネられてしまう。

規格については、初年度から疑問で仕方がありませんでした。1ケースに、Mなら55本、Lなら45本、2Lなら30本入ります。ところが当時、どの太さでも、1ケースの値段がほとんど変わらなかった。細かい数字は忘れましたが、Mが1ケース1300円、Lと2Lが1ケース1500円ぐらいだったと思います。

Lの1ケースには、2Lの1・5倍の本数が入っています。当然、育てる手間も、皮をむく手間も、箱詰めする手間も1・5倍です。資材費も燃料費も人件費も1・5倍かかっているのに、値段は同じ。これはおかしいじゃないかと。

計算してみました。仮に5町歩の畑で一日300ケースの出荷としたら、Lを出すのと2Lを出すのでは、30年間で12億円も利益の差が生まれると出た。2Lを作るほうが圧倒的に経費が抑えられる。そこで決意したのです。

「俺は2Lを作る！」

Mサイズやしサイズだけを作る農家には絶対ならないと決めました。だから、新規就農2年目でネギ栽培面積日本一を達成したあとは、**「いかに太いネギを作るか」「いかにおいしいネギを作るか」に関心が移っていきます**。

太いネギを作る技術はどんどん上がっていきました。現在、うちが出荷するネギの7割は2Lサイズです。いまも地方のスーパー向けにLサイズを作り出荷していますが、全体の2割にしかなりません。

さきほどの2本セットのときは、Lサイズで計算して、相手を説得しました。でも、そのスーパーだけでなく、どこのスーパーでも2本198円が受け入れられたのは、うちが2Lのネギをメインにすえたことと無関係ではないと思います。これまでより明らかに立派なネギなのだから、消費者は割高に感じなかったのです。

プレゼントにできるネギ

ただし、そこから先は長かった。2本198円を実現したあと、2本298円で売ってくれるスーパーが登場するまで3〜4年はかかりました。東京のすべてのスーパーで2本298円になるには、さらに時間が必要だった。ものすごく苦労した。

スーパーに何度かけあっても、例外なく却下されました。「ネギはそういう野菜じゃない。庶民的な値段でないと無理なんだ」と。

当時、さまざまな業界の人と会うたび、「ネギの値段を上げるにはどうしたらいいと思いますか?」と質問しまくっていた。誰も答えをもっていないとわかってはいるものの、わらにもすがる思いだったのです。

やはり**ブランド化するしかない**。「寅ちゃんねぎだから、多少高くても買うか」と思ってもらうしかないのだ——。そういう結論に達しました。そのためには味と見た目が重要です。見ただけで「このネギはよそのと違う」と思ってもらえて、実際に食べても「おいしい！」と感じてもらえるネギを作る必要がある。

実は2年目から、有機肥料へのチャレンジを始めていました。初年度は化成肥料100%でしたが、2年目に有機肥料が25%になり、3年目に50%になって、4年目には完全に有機肥料だけで作るようになった。

次章で説明しますが、有機肥料で育てると病気が減る。ネギが健康に育つのです。そうした理由で始めたのですが、味もよくなることに気づいた。化成肥料よりおいしくなるのです。

真の葱やモナリザは夏扇《なつおうぎ》パワーという品種ですが、実は農家の間では「おいしくない」と悪評が高いのです。だから、農家から「なんで、こんなにおいしく作れるんですか？」と、しょっちゅう問い合わせがくる。

じつは、化成肥料を使うと、土が硬くなります。当然、ネギも硬くなる。うちは有機肥料しか使わないし、土をフカフカのまま保つ工夫もしているので、柔らかく作れるわけです。しかも糖度が非常に高い。

早くも4年目にはバイヤーの方から「このネギおいしいから、お歳暮で送ってもらえない？」と頼まれるようになりました。そういう人が徐々に増えた。

プロが褒めてくれるのだから、味は確実に上がっているのだと喜びました。それと同時に驚きもした。野菜をお歳暮にするなんて、聞いたことがなかったからです。

「うちのネギって、贈り物になるんだあ……」

プレゼントにできるネギ──。「これだっ！」と思いました。

素人目にも一目瞭然のプレミアム商品

実は野菜だけを売るというのは、非常に難しいことです。ネット通販でネギだけを購入した、レタスだけを購入した、シソだけを購入した、なんて人は皆無に近いはず。買うのは、桃とかサクランボとかメロンとかいった果物類だけです。

仮にネット通販でネギを買うとしても、高級肉を買って、すき焼きをするために「ついでに」カートに入れる程度でしょう。

要は、わざわざそれだけを注文する存在ではないということです。特別においしいとか、特別に見た目が美しいとか、特別に有名だとか、芸能人がテレビで絶賛していたとか、何か付加価値がないと買わない。

だから、**特別に立派なネギを、おいしい時期だけ売り出す**ことを思いついた。ネット通販が中心ですが、これがブランド化の突破口になるのではと考えた。こうして真の葱やモナリザが誕生したわけです。

箱入りの真の葱

素人目にも違いが一目でわからないといけません。市販されているネギは一般的に２Ｌが最大ですが、真の葱は３〜４Ｌぐらいあります。モナリザになると４〜５Ｌはあるので、違いは一目瞭然。しかも、味は折り紙付きです。

早くも５年目の２０１５年には、８本１万円の真の葱をネット販売した。初年度は５セット程度でしたが、いまでは毎年限定30セットが完売します。

その延長線上にあるのが、１本１万円のモナリザなのです。うちが２００万本も出荷するなかで、10本程度しかとれない超プレミアム商品。２０１９年は失敗しましたが、２０２０年は必ず出す予定です。

そこまで極端な高級品でなくてもいいと

いう人向けに、10本3500円の寅ちゃんねぎもネット販売することにしました。スーパーで買える寅ちゃんねぎは2本298円なので、そのプレミアム版です。

こうした贈答用ネギは、お歳暮の時期のみの販売です。さらに業界関係者から個人的にお中元の注文も入るので、お中元・お歳暮だけで何百件になります。うちの会社の規模を考えると、生産が追いつかないほどの量です。

高いものを安く見せる

スーパーや飲食店との直取引では、農協に出すときほど規格をうるさく言われませんが、さすがに4L、5Lとなると「並べる棚がありません」と嫌がられます。うちとしても、そもそもそれを梱包できる段ボール箱がなかった。

だから、こうした規格外のネギは、ずっと自分たちで食べていました。「サクランボでいったら特秀なんだけどなあ」なんてボヤきながら。ネット通販のおかげで、こうしたネギも商品化できるようになったわけです。

真の葱が毎年売り切れるように、贈答用ネギを買ってくれるお客さんはたくさんいます。毎年、モナリザ、真の葱、寅ちゃんねぎを全部注文されるネギマニアの方がいる。僕の知り合いで「真の葱を1000箱送ってくれ」と言ってきた人もいました。

世の中にはお金持ちがいっぱいいます。1本1万円のネギは無謀な価格設定のように見えますが、**限定品として販売するかぎり、売れ残りリスクはない。逆に、それが売り切れることで、うちのブランド価値は高まる。**

真の葱の発売後、普及版のネギを2本298円で売ってくれるスーパーが、ついに現れました。そしてモナリザ発表後、2本398円、2本498円という店も出てきた。それぐらい1本1万円にはインパクトがあったということでしょう。

日本一高いネギとなると、メディアも飛びつきます。話題になれば、「寅ちゃんねぎを買いたい」と指名するお客さんも増える。そう説得することで、スーパーの了解が得られたのです。

贈答用ネギの栽培には、もっともいい畑をあてています。1ヵ所に植える本数や、仕上げにまく肥料などにもこだわっています。でも、品種や基本的な育て方は普及版のネギと変わらない。

だとすれば、普及版のネギの品質もいいに違いない——。普通はそう考えます。そうなると、1本1万円と2本298円との比較になって、2本298円が安いように見えてくるから不思議です。「そんなネギが298円で買えるのか!」となる。

僕はそれまで、すべてのネギの値段を一斉に上げる方法ばかり考えていました。だから、どんなに悩んでも出口が見つからなかった。まとめて200万本をさばこうと思ったら、足元を見られて、逆に値段を下げざるをえなくなる。

そうじゃないのです。200万本のなかの10本だけを高く売ることができれば、残りもおのずから高くなる。**「高いものを安く見せる」ことを考えるべき**だったのです。アッパーの商品を作れば、全体が底上げされる。**たった10本の超高級ネギが、残りの200万本の単価を引き上げた**わけです。

お前、ここ銀座だぞ！

実は、真の葱発売とモナリザ発表の間に、もうひとつブランド価値を高める方策をたてました。高級レストランへの納入です。

蕎麦屋には初年度から納入したものの、レストランに卸すことには、僕は否定的でした。多くの人からすすめられましたが、反対した。失礼ながら「ネギの味をわかってない」と思い込んでいたからです。

焼き肉のチェーンに行っても、肉の等級や産地にはうるさいのに、野菜にまったくこだわっていない。あれだけネギを使う蕎麦屋だって、見ているのは値段と鮮度だけ。そんな印象があったので、「高級レストランもそうに違いない」と思っていた。

コストの問題もありました。レストランで使うといっても、一日5本、10本がせいぜいです。蕎麦屋なら一日1ケースは仕入れてくれますから、ロットが違う。しかも、東京のレストランに卸すとしたら送料がバカにならない。ネギ代1500円、送料1500円では、まったくペイしません。

それでも決意したのは、2本298円の実現に役立つブランド価値を高めることもさることながら、ネギの良さを理解してもらうため、ネギのおいしさ、違いを知ってもらいたいと考えたからです。

とはいえ、東京の高級レストランに伝手《つて》なんてありません。ネギの出荷が終わった2017年2月、クルマに山ほどサンプルを積み込んで、ミシュランガイドだけを頼りに東京へ営業に出ました。

超有名店を10軒ぐらい回りましたが、当然ながら、邪険にされたりもしました。シェフまでいきつけば話を聞いてくれるのですが、見習いの若手が出てきて、ドアをバーンと閉められたりすることもありました。飛び込み営業だから、半端ないアウェイ感は仕方がありません。それでもメゲずに回っていると、いいことも起こります。

面白かったのは、ステーキ店「銀座いしざき」。ミシュランでも星を獲得されている高級店です。エレベーターで強面のおじさんと乗り合わせました。こちらが段ボール箱をかかえているのを見て、「何階?」と聞いてくれます。「4階です」と答えると、「俺と一緒だ。なんだ、配達か?」と。

店に入るなり、このおじさんは「ネギの配達が来たぞおー」と、スタッフを大声で呼びました。僕は大慌てで「すいません。僕、初めてなんです。ネギを味わってもらおうと思って、山形から来ました」。するとおじさん、大爆笑。

「お前、飛び込みでネギもってきたのか? アハハハハハ。ここ銀座だぞ! いまどき、そんなやつがいるのかあ……」

すごく気に入ってくださり、「店長、買ってやれ!」と一言。おかげで契約がとれたのでした。

結局、品川のフレンチ「カンテサンス」、浅草のフレンチ「オマージュ」、新橋のフレンチ「ラ・フィネス」、赤坂の和食「きた福」の5店が扱ってくれることになりました。いずれも、誰もが知る名店ばかりです。

しかし結局、こうした成果を、スーパーとの交渉に持ち出すことはありませんでした。相手のビッグネームを利用するようで、いやらしさを感じてしまったのです。だから、フェイスブックでも、この事実はほとんど紹介していない。2本298円は、真の葱とモナリザだけで実現したわけです。

これらのお店では、いまもうちのネギやホウレンソウを使ってくださっています。真の葱やモナリザと同様、贈答用の畑で作った、最高品質のネギです。利益が大きい取引ではないのですが、最高の料理人がつねにチェックしていると思えば、栽培をおろそかにできない。「自分のネギの味は落ちてないか？」と緊張感を維持するためにも続けています。

向こうはお前を待っているんだよ！

この章では、農業があまりに利益の出ない産業であることに腰を抜かし、栽培面積を広げたり、単価を上げたり、販路を広げたりした話を紹介してきました。

栽培の話ではなく、販売の話を先にしたのは理由があります。多くの農家がうちへ視察に来ますが、彼らの悩みの7割は「どう売ったらいいか」だからです。

彼らは「営業に行って、どう交渉したらいいんですか？」と質問してきますが、交渉テクニックの問題ではないのです。そう考えている時点で負けている。**取引相手が何を望んでいるかを、まずは調べないといけない**。

スーパーによって、取り分のパーセンテージは違います。たとえば3本198円で売るケースを考えましょう。先方が30％の取り分を望んでいるのであれば、こちらの卸値が198×0・7＝138・6円以下なら買ってくれる可能性がある。でも、35％を望んでいるなら、128・7円以下でしか相手にされません。それを知らずに交渉は成立しない。物流についても調べる必要があります。山形県の場合、東京への物流が強く、1ケース250円前後で送れます。ところが名古屋へは弱いので、600円もかかる。うちが東京のスーパーを中心に卸しているのは、そういう理由なのです。

ちなみに仙台の物流は、東京・大阪ともに強い。だとすれば、宮城県で作る場合は、大阪マーケットも視野に入ってきます。物流事情は各県で違う。物流網を調べて、運送会社に見積もりをとったら、すぐわかることです。

そういうことすらしないでスーパーと直談判しても、勝てるはずがないのです。だから、視察に来た農家にはまず「あなた群馬なの。群馬だと、物流はどこが強い？」と聞く。即答できる人はほとんどいません。

物流を知れば、どのぐらいの量を作ればいいかも見えてきます。うちが10町歩で止めて、20町歩、30町歩と畑を広げていかないのは、そういう理由もあるのです。売り先がないのに、作っても仕方がありません。一日400〜500ケースを出荷するぐらいの規模が、うちには適正だと判断した。

スーパーのバイヤー側の事情を考えてみましょう。彼らとしても産地を新規開拓したいし、上司からはせっつかれている。でも、あまりに忙しくて、現地を見に行く時間がないのです。そんなとき、こちらがわざわざ遠くから出かけて、品質のいい農産物を紹介してあげる。向こうにとってもこんなありがたい話はないはずです。

だから、いつも僕はこうアドバイスするのです。

「なにビビってんだよ。向こうはお前を待っているんだよ！」

もちろん、相手にとってメリットのある話でないと、押しかけていくのは失礼です。だから、先方が売上を重視しているのか、粗利なのか、それとも利益率なのかによって、提案の仕方を変える。まずは相手が何を求めているかを知らないといけない。

結局、事前にどれだけ準備したかが、勝敗を分ける。「今日は絶対勝てる」と自信満々で試合にのぞまないで、勝てるはずがありません。

第3章　雑草と闘ってはいけない

●常識を疑え
●チャレンジすることでわかってくることがある
●手間をかけることが近道ということもある
●ひとつの解が絶対ということはない

なぜ有機肥料なのか

単価を上げることと、反収を上げることは、車の両輪です。どちらもやらないと、農業では食っていけない。値段を上げる努力は前章で見たので、本章では、どうすればネギは元気に育ち、たくさん収穫できるようになるか、という話をします。

当初の目論見ははずれ、僕はみずから畑に立つことになりましたが、農業にどんどんハマっていきました。どんなにわかったつもりになっても、必ず新しい発見がある。どんなことでも徹底的に突き詰めたい性分の人間にとって、こんなに刺激的な仕事はありません。奥が深いのです。

ときにビジネスのことなんか忘れて、目の前の研究だけに没頭していることもあります。実験に実験を重ねて「こっちのやり方のほうがいい」という結論を積み重ねた結果、一般的な栽培法とはだいぶ違ったものになりました。

うちは有機肥料を使っています。なぜなら有機にすると作物が健康に育ち、病気になったり虫にやられたりすることが激減するからです。

完全に有機肥料に切り替わったのは4年目ですが、土の性質が少しずつ変わったようで、虫にやられることが減った。虫は化成肥料に含まれる硝酸態窒素に寄ってきます。有機肥料の窒素分にはあまり寄ってこない。かつて年間１３０万円ぐらいかかっていた殺虫剤代が、いまは10万円にもなりません。

病気についても同じです。化成肥料でやっていた頃は、軟腐《なんぷ》病とか萎凋《いちょう》病とか白絹《しらきぬ》病とか、病気にやられまくった。でも、有機肥料に替え、地中の微生物が多様化するようにしてから、かなり減りました。農薬をやる回数も減った。かつて年間４００万円ぐらいだったのが、いまは２５０万円ぐらいになった。

でも、個人的にうれしいのは、重い動力噴霧器を背負い、炎天下で農薬をまく回数が減ったことのほうです。汗をかかない病気の人間にとっては命にかかわる作業だし、従業員にもこんな過酷な作業をやらせたくない。

世の中には「思想として」無農薬にこだわる農家や消費者がいます。僕の場合はそうではなく、「やむにやまれず」農薬から遠ざかっているわけです。消費者が虫食いの野菜を許容してくれるのであれば、明日にも農薬は全廃したいぐらいなのです。

畑にワクチンを入れてみた

有機栽培の勉強を始めた頃は、とにかく本を読みまくって、気になる著者に会いに行きました。

行ったら行ったで、質問が止まらない。講演会に行ったら10回は「すいません！」と手を挙げるし、みんなが帰ったあとも、一人だけ残って質問する。前に師匠に対してやったことを、そのままやったわけです。山形に帰ってからも質問責めにするので、ある先生にはフェイスブックをブロックされてしまいました（笑）。

結論として見えてきたのは、「まだ何もわかっていない」ということでした。有機肥料を分解して、畑の作物が食べられる大きさにしてくれるのは、地中の微生物です。しかし、60年間も微生物を研究してきた大学教授が「微生物の世界はまだ1％も解明されていない」と言うぐらいで、むしろわかっていることのほうが少ない。

だから同じ作業でも、正反対の意見があったりする。正解はどこにも存在しないから、結局は自分で判断するしかないわけです。もう覚悟を決めて、思いつくことはすべて実験で確かめました。

いまから考えると「俺ってバカか」と笑ってしまうような実験もしました。たとえばワクチン栽培。インフルエンザ予防のためにワクチンを打ちますよね。弱いウイルスを体に入れることで、抗体ができる。あれと同じことができないか？

いまはほとんど出ないのですが、当時は軟腐病に悩まされていました。作物が植わったまま腐ってしまう病気です。事前に軟腐病の菌を畑にまいておけば、ネギに抗体ができて、軟腐病にかからないのではないかと考えた。

「これが成功したら革命だ。世の中から軟腐病が消えるぞお！」

事前に周囲に吹きまくったのですが、案の定、軟腐病にやられて全滅です。ボロボロに腐ったネギを横目に、こそっと撤退しました。「でも、仮説が間違っていることは確認できた」と。

ただ、確実なこともあります。**多くの病気には気温と湿度が関係している**ということです。ウイルス性の病気もありますが、軟腐病、白絹病、萎凋病、べと病……といった代表的な病気は、だいたい菌によるもの。お風呂のカビと同じで、高温多湿の場所で発生する。「水滴がネギの葉っぱに何時間ついているかによって、病気が発生するかどうかが決まる」という研究論文があるぐらいです。

つまり、湿気を防げば、病気はある程度まで予防できる。畑に何も植わってなければ、雨が降っても土はすぐ乾きます。逆にいっぱい植わっていれば、水滴がつく表面積が増えるので、ずっとジメジメしたままになる。雑草だらけの畑は、作物に加えて雑草も植わっている状態ですから、そのぶん菌が育ちやすいわけです。雑草が生い茂って風通しが悪くなれば、そのぶん乾燥しにくくなりますし。

だから、雑草対策が、僕の栽培法では最大のテーマになっています。雑草はネギが吸収すべき栄養分を横取りするばかりでなく、病気にかかりやすくもするわけですから、徹底的に排除しないといけません。

ここからネギの育て方を順を追って紹介していきますが、裏テーマは「いかに雑草の生えない畑にするか」「いかにネギを太くするか」だと思ってください。

高温と湿気が大敵だ

年間の作業としては、ザックリ3つに分かれます。種をまいてハウス苗を育てる工程。苗を畑に定植して、大きく育てる工程。育ったネギを収穫して出荷する工程の3つです。この章では、最初の2工程について見ていきたいと思います。

まずは苗を作る作業。「苗半作《なえはんさく》」と言われるように、作物が元気に育つかどうかは、いい苗かどうかで決まる。非常に重要な工程です。

種まきは2月頭から始まって、3月半ばまで何回かに分けてやります。芽が出たらハウスでしばらく育て、4月から5月にかけ何回かに分けて畑に定植する。

畑に定植したネギは、育ったものから出荷していきますが、4月から翌年1月まで、どこかの畑にはネギが植わっていることになります。

ネギの出荷は、早いものだと7月末、遅いものだと翌年1月。この間、毎日、収穫しては出荷する作業になります。一日の出荷数を一定に保っているので、夏場も冬場も収穫する数はほとんど変わりません。

夏に出荷するものは夏扇パワーという暑さに強い品種、冬に出荷するものは夏扇4号という寒さに強い品種です。どちらも4～5月にまとめて植えてしまう。つまり、早いもので4ヵ月弱ぐらい、長いものだと8ヵ月も畑に植わっていることになります。それだけ長く畑に植わっていると、当然、病気や虫にやられるリスクが高くなる。この間、一所懸命に面倒を見てやらないといけません。

実は、一年でもっとも精神的に疲れるのは6～7月。梅雨に入るので、雑草がはびこる。ネギは湿気に弱い作物なので、病気も心配です。さらに虫もやってくる。僕が毎年、梅核気にやられるのも、まさにこの時期。それだけ気が抜けません。

近年、気温が異常に高くなったり、ゲリラ豪雨があったり、かつてより病気が出やすい環境になっています。たとえばシュードモナス菌による腐敗病。なぜか2本目の葉っぱだけが枯れるという病気ですが、僕の畑では5～6年前までは見られなかった。

気温が高いだけなら、問題はないのです。そこに湿気が加わったとき、病気が出てくる。一番出やすいのが6～7月、次に出やすいのが10～11月です。まあ、10～11月になれば、ネギはすでに大きく育っていますから、雑草に負けることはありません。一方、6～

7月の段階では、ネギはまだ小さいので、放っておくと雑草に負けてしまう。だから毎日毎日、雑草の処理ばかり考えている。

湿った畑に入ってはいけない

農作業と聞くと、まずは畑を耕して……とイメージする人が多いのではないでしょうか。でも、それは雪の降らない地方での話。

天童市だと、3月いっぱいは雪が残っています。雪がとけた4月になっても、まだすぐにはトラクターを入れられません。畑の土が湿っているからです。湿った土の上に、重いトラクターを走らせると、土がギュッと締まる。石のようにカチンカチンに固まってしまい、そのあと1年間、そのままです。

不思議なことに、5月下旬になると、そんなことはなくなる。スケジュールの関係で仕方なく、雨が降った翌日にトラクターを入れることがあります。その瞬間は土が締まるのですが、夏のカンカン照りの時期になると、土はボロボロと崩れてくる。

だから、4月に耕す場合は、畑が乾くのを待つ必要があるわけです。では、畑が乾くまで何をするのか？　作業所で苗を育てます。

2019年、ねぎびとカンパニーでは、350万粒のネギの種をまき、200万本を収穫しました。仮に発芽率85％とした場合、３００万本の苗を畑に定植した計算になります。

まずは発芽しない種がある。発芽した苗を定植しても、畑で消えていくものがある。病気になったり、虫や動物に食われたり、災害で流されたりと、理由はさまざまですが、栽培の過程で、ものすごいロスが出ている。

３００万本も畑に植わっていますから、パッと見ただけでは「減ったなあ」なんてことはわかりません。収穫シーズンが終わり、集計してはじめて「今年はかなりやられたんだなあ」と判明する。

３５０万粒まいて、２００万本の収穫。収穫率は57％にしかならない。しかし、これでも業界内では相当に高いほうなのです。うちだって２０１８年までは収穫率が50％を超えたことはありませんでした。

ラーメン2杯作って、1杯だけ売る。そんな商売が他にあるでしょうか？ うちは技術力が上がってきたので、近いうちに収穫率60％を超えるとは思います。でも、それを70～80％まで上げられるかというと、疑問符がつく。

だとしたら、**畑で消えていかない丈夫な苗を作るしかない。**この工程がビジネスに直結しているわけです。

発芽率が上がった理由

ロスを減らすためには、当然、発芽率も重要です。

うちではどれぐらい発芽しているのか。2～3年前、チェックしてみたところ、発芽率は70～80％でした。

現在の発芽率は80～90％程度だと思います。2～3年前に比べたら、10ポイントぐらいはアップしている。

もちろん技術的向上はあるのですが、何より大きな発見は「いい種を使わなきゃダメ」ということでした。どんなに人間が工夫しようと、ダメな種は発芽率が悪い。

種を作るとき、ネギ坊主についた種は、上のほうについたものから、先に熟していきます。全部が成熟するのを待っていると、上のほうからボロボロと地面に落ちていってしまい、それではもったいないので、全部が成熟しないうちに収穫してしまうこともある。

つまり、種にも良し悪しがあるわけです。この事実に気づいて、種屋さんに「いいロットをください」と注文をつけるようにしてから、発芽率は如実に改善しました。

さらに、水やりを工夫したことも大きいと思います。水に空気を取り込む装置をホースに取りつけてから、発芽率が向上した。鉢植えを育てている人ならわかると思いますが、

苗箱の中に入ったチェーンポット®

水をやっても、すぐ土に染みこんでいかず、水たまりができたりしますよね。ああいうことが起こらない。

さわってみると、人間がシャワーに使いたいぐらいの軟らかい水です。この装置で水をやると、スッと土に染みこんでいく。しかも、土中に酸素がいきわたる。発芽の条件が満たされるわけです。

なぜ土はギュウギュウなのか

ネギの種は紙製のポットにまきます。

この紙製ポットは、紙のひもでチェーンのようにつながっているので、チェーンポット®という商品名がついています。苗箱に入った状態では、六角形のポットが264個、蜂の巣のように並んでいる。それを畑にもっていって、端っこを引っ張れば、チェーン状に伸びるので、それをそのまま畑に植えます（紙ごと定植するわけです）。

うちの種まきの特徴としては、ポットに入れる土の量が格段に多いこと。上から土を叩いて、ギュウギュウに詰め込む。一般的なやり方と比べると、2〜3割は多めに土が入っています。

土がフワフワだったら、そこから出てくる赤ちゃんは、ヒョロヒョロして弱い。丈は長いのに、細いのです。一方、ギュウギュウの土から出てきた赤ちゃんは、丈が短くて太い。色もこちらのほうが濃い。

それに加え、種をまいたあと、上から赤玉土という重い土をのせます。生まれたばかりの赤ちゃんネギは、頭の上の重い土を押しのけようとして、さらに太くて丈夫になる。

赤玉土の厚さについては、6ミリ、7ミリ、8ミリ、9ミリ、10ミリ……と、いろいろ試しました。**1ミリ違うだけで、結果が全然違った**。たしかに厚いほうが苗は太くなるのですが、発芽率が下がってしまう。バランスを考えて7ミリに決めました。

普通の農家は土代を節約して、こういうことをしません（千葉県に一社だけあると噂を聞いた程度です）。でも、土代なんて、たかが知れている。その後のロスの少なさを考えると、十分に元が取れます。

作業所での種まき作業

苗箱の中のチェーンポット® に土をつめて種をまいたところ。この上に赤玉土をのせる

なお、苗作りに使う土については、2020年から新しいテストを始めています。畑の土には雑草の種が多く入っているため、普通は育苗には使いません。そこでどこの農家も高温で雑草の種を殺した育苗土《いくびょうど》をわざわざ買って、そこに種をまきます。うちもずっと、そうした育苗土を買っていました。

でも、畑に定植したら、そこは微生物だらけです。ネギによくない雑菌の影響を受けることもある。苗にとっては環境が激変しすぎるのです。そこで、育苗土に微生物を混ぜることにしました。やはりそのほうが太い苗ができるのですが、ちょっと成長が速すぎるので、まだ模索中です。

1ヵ所に4本植える理由

チェーンポット®はほとんどのネギ農家が使っている道具ですが、8割がたの農家は六角形の中に2粒ずつ種をまき、紙ひもの長さを5センチに設定している。畑に定植したとき、5センチ間隔で2本ずつ植わっている形にするわけです。

うちではひもの長さを10センチにして、六角形の中に4粒ずつ種をまいています。畑では10センチ間隔で、4本ずつ並ぶことになります。

5センチ・2粒でも、10センチ・4粒でも、同じ面積に植わっている本数はまったく一緒です。でも、経済性を考えると、全然違う。たとえば苗箱の数です。10町歩ぶんの苗を育てるとき、5センチ・2粒なら6600枚の苗箱が必要ですが、10センチ・4粒なら3300枚で済む。この紙製ポットは安くはないので、半分で済めば万々歳です。

苗箱が半分でいいなら、それを保管するビニールハウスだって半分で済みます。作業時間も半分になるので、人件費が半分になる。育苗土だって半分でいい。種代が変わらないことを除けば、すべての経費が半分になる。

1ヵ所に4本も植わっていて大丈夫なのか、と心配になった人もいるでしょう。たしかに5センチ・2粒より栽培技術は必要なのですが、うちではよその2本植えより、太いネギが育っています（なお、真の葱とモナリザだけは、極端に太く育てるために10センチ・3粒に設定しています）。

実は、15センチ・5粒も試してみたことがあるのです。この場合は、1ヵ所に5本ものネギが植わっていることになる。さすがにネギ同士が押し合いへし合いして、潰れてしまった。いまのところ10センチ・4粒がベストだと判断しています。

常識を疑え！

チェーンポット®に土をギュウギュウ詰める。空気を取り込むホースでぬるま湯をかける。播種機《はしゅき》と呼ばれる道具で、蜂の巣状に並んだ六角形のポットに4粒ずつ種をまく。上から重い赤玉土をのせる。毛管現象で水が下から上がってきて、赤玉土の色が黒く変わってきます。これで種まきの作業は終わりです。

ただ、東北の2月はまだ真冬です。このまま放置したのでは芽が出ないので、育苗器《いくびょうき》という機器に入れます。蒸気で温度を上げることで、強制的に芽を出させるわけです。関東みたいに暖かい土地では育苗器を使いませんし、東北でも3月末になれば不要なのですが、2月の時点では絶対不可欠の装置です。

この工程について、２０２０年に大発見がありました。

それまでは、師匠から教わったやり方を墨守していました。まいた水で土温が下がるのを避けるため、初日の育苗器は30度にキープ。2日目からは25度に下げて、1週間入れておく。すると7割がた芽を出すので、その段階で育苗器から出して、ビニールハウスに移す。残りの3割も、そのうちハウスで芽を出します。

でも、より太い苗にするには、もっとゆっくり育てたほうがいいんじゃないか？　そう思ったのです。芽を出すスピードを遅くすれば、土から顔を出した瞬間には太い苗になっているのではないかと。

だからといって、育苗器の温度を下げて2週間入れておくわけにもいきません。そんなに入れておくと、湿気で腐る危険性がある。それに、2週間、育苗器の中身を入れ替えられないとなると、次に種をまいた苗箱の行く先がなくなる。いまは1週間ごとに育苗器から前の苗箱を出し、次の苗箱を入れ、をくり返していますが、育苗器が埋まっていれば、もう1台、買い足す必要が出てくる。

それに、芽が出たものは、なるべく早く日光に当ててやりたいのです。育苗器の中は真っ暗ですから、そのまま放置すると、もやしのような白くてヒョロヒョロの芽になってしまう。光を当てることで、芽は緑色に変わります。経験的にも、生まれた瞬間に太陽光を浴びたもののほうが太くなります。

つまり、2週間も育苗器に入れておくアイデアは採用できない。そこで、育苗器に入れておく1週間という期間は変えず、設定温度だけ下げることにしました。初日は30度、翌日から20度でテストしてみた。

育苗器から出すと、まだ1割ぐらいしか芽が出ていません。ほとんど芽が出ていない状態で雪の中のハウスに移すなんて、無謀以外の何物でもありません。発芽率は下がるはずです。「残り9割が出なかったらどうしよう」とドキドキでした。

土が凍っては大ごとなので、ハウス内のバーナーで燃料を燃やすなど、新しい工夫もしました。

結果を言えば、残りの9割もちゃんと芽を出しました。明らかに以前より太い芽だった。しかも、芽を出した瞬間から太陽光を浴びるので、さらに太い苗に育ちました。

ちなみに、育苗器を10度に設定した実験では、あまりに温度が低すぎて芽がまったく出ませんでした。15度はまだ試していませんが、可能性はある。まだまだ進化の余地がありそうです。

苗作りはなんとなく「もうわかった」気分になっていたのですが、やはり毎日毎日「常識を疑え！」と自分を叱咤していく必要がありそうです。終わりがない。

苗は小さいほうがいい

育苗器から出したら、ビニールハウスに苗箱を移動します。空いた育苗器には、次の種まきした苗箱を入れる。

ここからは、畑の条件が整う4月まで、ハウスで苗を育てていく工程。ここで注意すべきは、苗を大きくしないことです。畑に定植する苗は小さいほうがいい。

育苗器からビニールハウスへ

植物は根っこから水を吸って、葉っぱから蒸散《じょうさん》させます。畑に定植したばかりの苗は、まだ完全に根づいていない。十分に水を吸えないのです。でも、蒸散だけは立派にする。このとき苗が大きいと、葉っぱが大きいぶん蒸散量も多くなります。水分の入ってくる量と出ていく量のバランスが崩れてしまうのです。

水と光と温度がそろえば、苗はヒュルヒュルヒュルと縦伸びしてしまう。だから、それをコントロールすることで、大きく育たないよう管理します。

現在使っているビニールハウス１棟には、だいたい１３００枚の苗箱が並べられます。並べるといっても、地面に直置《じかお》きはしません。苗が地面に根を張ってしまうと、苗箱を動かしたいとき、ベリベリッとひきはがすことになるからです。根っこが切れる。

そこで、パイプで骨組みを組んで、その上に苗箱を並べます。根っこは光を嫌いますから、苗箱の底に光が当たっていれば、そっちへ出てこなくなる。

この時期の東北はまだ冬ですが、ハウスの中を暖めたりはしません。太陽光が入ってくるだけで十分です。苗箱の下にネズミが住みつくほど、ハウスの中は暖かいのです。だから、むしろハウスの窓を開けて冷たい風を入れることで、温度を20〜25度にキープします。

ひとつのハウスの中に、種まき4回ぶんぐらいの苗箱が並んでいるので、成長度合いもさまざまです。かなり育ったものには風を当てて、大きくならないようにしたい。一方、芽を出したばかりの赤ちゃんは過保護に育てたい。

だから、窓の開け方を場所によって変える。うちのハウスは窓を4ヵ所開けられます。大きい苗のところは窓を大きく開けて、風をたくさん当てる。中くらいの苗のところは窓を半分だけ開けて、少しだけ風を当てる。そんな微妙な調整を毎日やっています。もちろん夜間は冷え込むので、窓は完全に閉めてしまいます。

風を当てたくないところに当たってしまう場合は、そこだけビニールでおおいます。苗箱に木の枠で囲うテクニックも編み出しました。枠が高ければ、そのぶん冷たい風を防げるわけですが、高けりゃいいってものではない。枠が高いと日陰が大きくなるので、苗は光を求めて、上へ上へと伸びてしまうからです。

これについては実験をくり返し、「2月10日に種をまいた苗箱は、3月1日に枠の高さを何センチに」というふうにマニュアル化しています。とはいえ、それで終わりではなく、ビニールでおおう場合、何センチの高さにすればいいのか、なんてことまでテストを続けています。

就農当初は塩梅《あんばい》がまったくわからず、数時間ごとに師匠に電話しては「いま窓を開けていますか？　閉めていますか？」なんて質問していた。なんとなく見えてきたのは、4年目ぐらいからだと思います。

ここまで細かいケアをしている農家はまずいません。師匠が非常に繊細な苗作りをする人なので、僕も繊細になった。のちに他の農家の見学に行ったとき「えーっ。こんなにテキトーでも、苗って育つもんなの？」と、逆にビックリしたほどです。

でも実際、ここまで繊細な苗作りをするからこそ、発芽率も上がったし収穫率も上がった。そしてもちろん、太くておいしいネギ作りにもつながっているのです。

風と雨がネギを太くする

一度、畑に定植してしまえば、あとは収穫まで1回も水をやりません。どんなに日照りが続こうが、絶対にやらない。そっちのほうが乾燥に強くなります。1回でもやってしまうと、甘えて弱いネギになってしまう。

でも、**苗というのは赤ちゃんです。大人と同じ厳しさで接してはいけない。過保護に育てるべきなのです**。だから、ハウスに入れている間は水をやったほうがいいし、それは繊細さを求められる作業になる。

多くの農家は「2日にいっぺん」などと決めていますが、お腹いっぱいの苗に水をやっても、ヒュルヒュルと縦伸びしてしまうだけです。うちでは毎朝、苗箱の土を見るようにしています。

土の中の水分は、夜の間に毛管現象で地表面に上がってきます。ということは、朝イチに見たとき、赤玉土が乾いている苗箱は、土の中に水がないとわかる。そういう苗箱にだけ、水をやるわけです。

水分過多になると、苗が腐りやすいし、土にカビが生える。他の農家では、カビだらけになった苗箱を見かけます。赤玉土を使わないし、水もやりすぎるからです。うちは水や

ハウスから外へ苗箱を移す

りを極限まで絞り込んだうえに、空気を取り込んだ水をまくので、土がギュッと締まらない。根っこが蒸れにくいぶん、カビが生えにくいのです。

3月20日頃になると、気温10度ぐらいにはなるので、育った苗箱から、ハウスの外に出します。会社の敷地内にずらりと並べる（もちろん下にはパイプを組んで）。この状態で、畑がスタンバイＯＫになるのを待つわけです。

普通、いきなり寒いところに出されると、葉先が真っ白に枯れてしまいます。でも、うちの苗はハウスにいるときから、徐々に寒さに慣らしているので大丈夫。3月末に雪が降り、苗箱が雪に埋まったことがあるのですが、それでも元気に育ちました。

外に出せば、風に揺られるので、負けないよう苗はふんばります。太って体を安定させようとする。あまり縦伸びせず、横に太ることに専念するのです。雪さえなければハウスを使わず、最初から外で育てたいぐらいです。

さらに言えば、自然の雨に早く当てたい。早い段階で冷たい雨に当てたほうが、なぜか太い苗になるのです。冷たいことがストレスになって、体を守ろうとするのか。それとも、人間が水をやる場合と違い、さまざまな方向から水が当たることが、風に吹かれるのと同じ効果を生んでいるのか。理由はよくわからないのですが。

土が硬いと、ネギも硬くなる

さて、4月に入ると、乾いた畑から順番に耕して、苗を定植していきます。

トラクターを入れるのは1回だけ。2回も3回も入れてはいけません。あんな重い機械を畑に入れると、どうしても土が締まるからです。しっかり耕す必要がある場合は、進行スピードを遅くして、丁寧に耕すようにしています。

地下25センチぐらいまでトラクターの爪を入れて、細かくしていきます。土は絶対にサラサラにしないといけない。理由はふたつあります。

ひとつは、ネギが畑で成長する過程で、土寄せという作業をやります。太陽光が当たらないようにして白根を増やすのと、雑草を土でおおって退治するのが目的です。もし土がゴロゴロしていると、せっかく土寄せしてもすき間ができて光が入るので、雑草が死なない。土がサラサラでないと、土寄せの効果が弱まるのです。

もうひとつは、ネギの柔らかさが変わってくるからです。硬い土で土寄せすると、ネギはそれに耐えようと皮を硬くします。毎日、ロープを引っ張っている漁師の手が、いつの間にか硬くザラザラになるのと同じことです。そんなネギの皮を顕微鏡で見ると、デコボコになっている。なめらかじゃないので、口当たりが悪い。

うちも田んぼだった場所を使った経験がありますが、田んぼの土は、どんなに耕そうが、重たくて硬い。そこで育ったネギの皮は、やっぱり硬くなりました。

一方、火山灰質の畑で作ると、土が軽いため、ネギの皮は柔らかくなります。一度試したときは、白根が絹のようにピカピカ光ったほどです（火山灰質の畑は栄養分が少ないし、そもそも天童市周辺にないので、現在は使っていません）。

実はネギの皮が硬くなることは、農家に嫌がられていません。皮が硬いと、病気や虫に強くなるからです。市場に出荷する場合、規格が大事なので、それで問題ない。だから、皮の硬い品種が開発されることも多いのです。

でも、うちは形でなく味で勝負していますから、ネギの皮が硬いことは許容できない。もちろん、皮が柔らかければ、そのぶん病気になりやすいのですが、それはまた別の方法で防げばいいのです。

肥料はネギの顔色を見ながら

なお、トラクターを入れる直前に、有機肥料（最初に入れておく肥料なので「元肥《もとごえ》」といいます）を手でまいておきます。

元肥の量は、1反歩15〜18キロぐらいが一般的だとしたら、うちは12キロぐらいしか入れません。化成肥料ほどではなくても、肥料の窒素分に虫は寄ってくる。それをなるべく避けるためです。

ですから、栽培途中で肥料を足してやる必要がある（追加で入れる肥料なので「追肥《ついひ》」といいます）。元肥とまったく同じ有機肥料です。

この追肥はネギの顔色を見ながら決めます。畑の状態によって違うのですが、栽培期間中に2〜4回だと思います。苗の水やりと同じで、お腹が減ってもいないのに、無理に食わせることは、逆に健康を損ねることになる。

体の大きさによって、求める栄養の量は違います。ところが、多くの農家は1回で済ませようとする。元肥や追肥をドカンと入れるのです。幼稚園児に500グラムのステーキを食わせるようなもので、健康に育つはずがありません。ここは手間がかかっても、繊細に顔色を見ていくしかないのです。

砂地の畑であれば、すぐ肥料が抜けてしまうでしょう。田んぼだった畑では、肥料がずっと保たれているでしょう。畑によって状況は違う。だから、毎日、巡回して、一枚一枚の畑を観察しています。

肥料は、いろいろ試した結果、動物性7割、植物性3割という配分で落ち着きました。動物性というのは、魚から作られたフィッシュソリュブルです。植物性というのは、米ぬかとトウモロコシです。

動物性100%にすると、うまみは増すのですが、土中の微生物がかたよるようで、病気になりやすかった。動物性と植物性を半々にすると、今度はうまみが乗らない。さんざん試して、いまの配分になりました。

これが基本の肥料で、さらに追加で加えるものもあります。

実は2003年に、農業界がひっくり返るほどの科学的発見がありました。植物の3大栄養素は窒素、リン酸、カリウム。もっとも成長に関係しているのが窒素ですが、タンパク質がアミノ酸に分解され、さらにアンモニア態窒素や硝酸態窒素まで分解されないと、植物は吸収できない、というのが定説でした。だから、最初から分解してある化成肥料には、即効性があるわけです。有機肥料みたいに分解されるのを待つ必要がない。

ところが、植物はアミノ酸のままでも吸収していることが発見されたのです。アンモニア態窒素や硝酸態窒素には虫が寄ってきますが、アミノ酸には寄ってこないので、有機農家にとっては朗報です。そこで、アミノ酸をたっぷり含んだエキタンという液肥を追加で入れています。

有機肥料には含まれていて、化成肥料には含まれていない成分を、植物は吸っている。有機で作るほうがおいしくなる理由のひとつなのだと思います。

贈答用の畑では、さらにステビアという甘味料を入れています。天然の甘味料で、ガムなどにも使われていますね。土壌の微生物が活性化するので作物がよく育ち、栄養素も増すといわれています。農業資材として売られているものの、あまりに高価なので、使っている農家はそうそういない。うちでも贈答用ネギにしか使えません。

活着させるには深く掘れ

さて、肥料を入れてトラクターで耕し、畝《うね》をたてたら、畑は準備完了。ようやく苗を定植します。大きくなったものから、何回かに分けて定植していく。4月から5月にかけて、1週間に1〜2回ずつやる感じでしょうか。

種まきから2ヵ月ぐらいたつと、苗は20センチぐらいに成長している。畑さえ乾いているなら、できるだけ早く定植してしまいたいのです。

定植に使うのが、「ひっぱりくん®」という商品名の手動式の道具。苗箱をセットして引っ張ると、底についている爪が土を削り、できた溝の中に苗を落としていってくれる。紙

ひっぱりくん® を使った定植作業

製のポットはここでようやく苗箱から引っ張り出され、まさにチェーンの形状になります。

日本のネギ農家の9割は、この道具を使っていますが、うちではこれにも改良を加えています。鉄板を買ってきて溶接し、爪の大きさを通常の3倍ぐらいにしているのです。そのぶん、深い溝が掘れる。

土の中は、深い場所ほど湿っています。より深い溝を掘ったほうが、根っこが活着《かっちゃく》しやすくなるのです。統計はとっていませんが、苗の活着率も、うちはよそよりはるかに高いはずです。

活着さえすれば、苗は自分の力で水や栄養を吸えるようになるので、放っておいても育ちます。いつの間にか消えていくことが少なくなる。5月に植えると、そのあと2週間も雨が降らない年がありますが、それでも枯れません。

苗を活着させるポイントは水です。だから深い溝を掘るわけですし、雨が降る2〜3日前に集中して定植するテクニックもあります。ただし、だからといって、定植直後に人間が水をやると、腐ってしまうことが多い。これが植物の不思議なところです。

作業はバックが鉄則

ひっぱりくん®は手動の道具ですが、実は苗を自動で植える機械も存在するのです。自動のほうが便利なのに、なぜ使わないかというと、それが前進する機械だからです。うしろに進むひっぱりくん®とは真逆です。

家庭菜園をやられている方なら、「鎮圧」という作業をご存じでしょう。種を畑にまいたあと、上から土をかけ、手でギュッと押さえる。こうすることで、土と種がピッタリとくっつき、毛管現象で水が地下から上がってきやすくなる。種に水分が届いて、発芽しやすくなるわけです。

前進する機械を使うと、せっかく耕したあとを足で踏むことになります。鎮圧と同じことをやっているわけです。雑草の種と土をくっつけて、水をあたえることになる。足跡のところだけ、雑草がボーボーに育ってきます。

雑草の種が発芽するには、4つの条件が必要です。水、土、温度、圧。雨や温度をコントロールすることはできませんが、圧なら、かけないよう注意することができる。

足で踏むと、土の中の空気が抜けます。フカフカの土は空気が入っているから乾燥しやすいのに対し、カチカチの土は乾燥しにくい。畑をフカフカに保つことは、雑草の発芽条件を奪うことにもつながるわけです。

ひっぱりくん®の場合は、自分が踏んだあとを、道具が耕してくれる。土はサラサラに保たれます。

ちなみに、定規で線を引くときも、ノコギリで木を切るときも、押すより引くほうが、まっすぐにできる。苗だって、まっすぐ植えられるのです。もし列が乱れていたら、土寄せ作業のときに、土がかからない部分が出てきてしまいます。そういう意味でも、バックで作業するほうが理にかなっているのです。

4枚刃2・1・1・1

みんな意外と無頓着なのですが、「自分が踏んだあとを耕す」という順番だけは、絶対に守らないといけません。これは、土寄せ作業についても同様です。

土寄せには、管理機という機械を使います。土を飛ばして、ネギの周辺にかける機械です。うちはごく一般的なヤンマーのＹＫ６５０ＳＫという管理機を使っているのですが、他には見られない特徴がある。本来は前に進むようにつくられていますが、バックで進むように改造してあるのです。

これもまたひっぱりくん®と同じ理由。せっかく耕した土を人間が踏むのでは意味がない。どうしてメーカーが前進する管理機しかつくっていないのか、安全のためだとはわかっていますが、畑のことを考えると、是非うしろに進む管理機を開発してほしいと思います。

実はこの管理機、土を飛ばす刃の部分にも改良を加えてあります。刃を取りつける金属棒を長くしてある。こうすることで、市販の管理機よりも、より広い範囲をかき混ぜることができます。棒には鉄工所で穴を開けてもらいました。刃をいろんな場所に取りつけて、微調整できるようになっている。

刃の向きも変えられますし、回転する方向も変えられる。うちでは土の表面を削るというより、下のほうから大きくかき混ぜる仕様に調整してある。

だから、うちの社内では、「4枚刃2・1・1・1」「小山3枚刃1・1・1」「中割2枚刃3・2」なんて符丁《ふちょう》が飛び交っています。

最初のうちは管理機に刃を4枚つけて土寄せをする。ネギが少し育ち、小山と名づけた畑の状態になったら、刃を3枚に減らし、中割と名づけた畑の状態になったら2枚に減らす。ネギが育つとともに根っこも張ってくるので、刃の枚数を減らさないと根っこを傷つけかねないからです。

1・1・1といった数字は、刃の向きをどれぐらい外側へ傾けるかということ。それによって土のかけ方が変わってくる。さらに、順回転でいくか、逆回転でいくかも、畑によって変えます。

ここまで細かい調整をしているネギ農家は存在しないでしょう。普通の管理機は数パターンしかないからです。だから、ヤンマーも見学に来てくれる。うちの管理機は日々、進化していますが、こうした技術については特許を申請中です。いずれは「初代葱師モデル」として発売したい。

葉っぱが枯れない理由

雑草が大きく育つと、もう手で引き抜くしかありません。でも、そのときには雑草の根っこが、ネギの根っことからまり合っている。無理に引き抜くと、ネギの根っこを切るので抵抗力が弱まり、病気にかかりやすくなります。

だから、小さいうちに土をかぶせて光合成できないようにし、白根をつくるのと同時に雑草も退治しないといけない。土寄せをするために、管理機をマニアックなまでにカスタマイズしているのは、それだけ土寄せが重要だからなのです。

うちへ視察に来るネギ農家の、栽培に関する質問の大半は、雑草の処理についてです。「北関東のネギ畑では10町歩のうち3町歩を雑草で捨てた」なんて話を聞くぐらい、みんな悩まされている。

にもかかわらず、一般的には土寄せを3〜4回しかやりません。うちでは7〜8回はや

管理機を使った土寄せ作業

ります。差が出てきて当然なのです。

たしかにうちは**土寄せに倍くらいの手間をかけていますが、雑草が生えることによるロスを考えると、十二分に元が取れます。**

従業員にはよく「ネギが土寄せされていると気づかないぐらい、少しずつやれ」と言っています。幼稚園児には幼稚園児に適した量を、中学生には中学生に適した量を、大人には大人に適した量をかける。少しずつ少しずつ、何度もやる。追肥と同じことですが、ネギの顔色を見ながら、そのネギに合ったケアをする。

面倒くさいからと、一度にたくさんの土をブワーッとかけると、さまざまな問題が起きます。葉っぱに土がかかったり、根っ

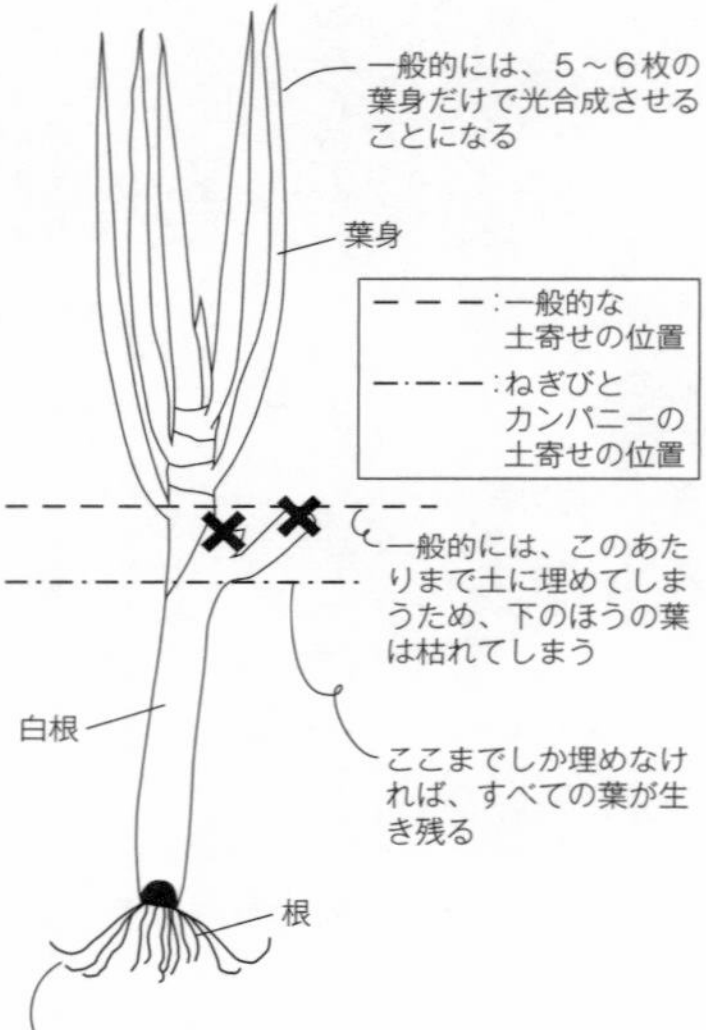
根っこはクルンと上を向く

こを切ったりして、病気になる。

そもそも一般的な農法では、ネギのかなり上のほうまで土を寄せるので、下のほうの葉っぱは枯れてしまいます。上のほうについた5～6枚だけで育てているのです。それではネギが太らなくて当然です（上図）。

うちでは絶対、葉っぱに土がかからないよう注意しています。だから、最後まで葉っぱが1枚も枯れず、8～10枚も残っている。そのぶんたくさん光合成ができるので、ネギが太るし、うまみも増します。「おいしい」と言われる理由はここにもある。

一般的には、5～6枚の
葉身だけで光合成させる
ことになる
葉身

土寄せの位置
－・－・－：ねぎびと
カンパニーの
土寄せの位置
一般的には、このあた
りまで土に埋めてしま
うため、下のほうの葉
は枯れてしまう
白根
ここまでしか埋めなけ
れば、すべての葉が生
き残る

なぜ「滝の仕業」なのか

土寄せってどういう作業なのか、図で説明しましょう。少しマニアックな話になりますが、ネギ栽培の神髄なので欠かすわけにいかない。「そんな細かいことまで考えてやっているのか」と驚いていただけたら、それで十分です。

ネギに土を寄せたい。では、その土をどこからもってくるかというと、ネギが植わっている周辺からもってくるしかありません。周囲の土を削って、ネギに寄せる。

しかし、ここで問題があります。ネギは酸素を好む作物なので、根っこは真下に伸びず、地表に向かってクルンと上がってくる。大きくなるまで放置しておくと、通路の下まで根っこが張り巡らされる。そんな状態で掘り下げると、根っこを切ってしまうわけです。

だから、ネギの成長に合わせて、少しずつ土を寄せる必要がある。土寄せをすれば、畝の部分は削られて谷になり、ネギの周囲は土が寄せられて山になる。その新しい山のほうへ、少しずつ根っこを誘導していくイメージです。

うちでは土寄せの作業に独自の名前をつけています。

第1回と第2回は「滝の仕業」。第3回が「3度目の乱」。第4回が「平らの極み」。第5回が「小山」。第6回が「中山」。第7回が「中割」。第8回が「止め」。もちろん畑によって雑草の生え方は違うので、1～2ステップ飛ばす場合もあります。

a　苗を定植し終わったところ

b　１回目の土寄せ
（滝の仕業）

c　２回目の土寄せ
（滝の仕業）

d　３回目の土寄せ
（３度目の乱）

e　４回目の土寄せ
（平らの極み）

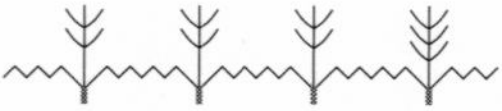

f　５回目の土寄せ
（小山）

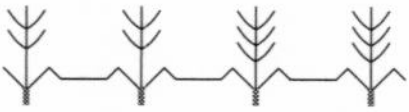

g　６回目の土寄せ
（中山）

h　７回目の土寄せ
（中割）

i　８回目の土寄せ
（止め）

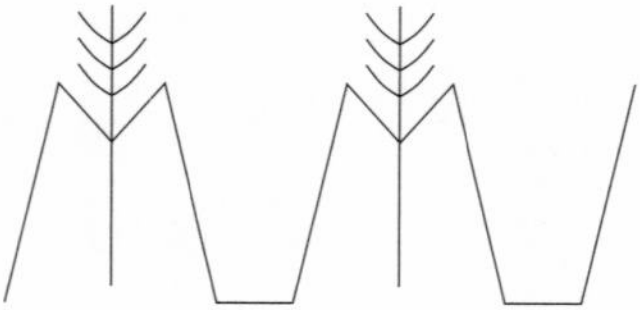

まずはざっと前ページの図を見てください。ひっぱりくん®で定植したばかりの状態がaです。いま山になっている畝の部分の土を削って、ネギの周囲に落としていくわけです。

4回目の土寄せが終わるまで、この山が残っているのがわかるでしょうか？ 普通は2回も土寄せをやると、この山がなくなってしまう。うちはなかなか山がなくならない。

「なんでまだ土が残っているの？」と見学者はビックリします。普通は土を内側から外側へ飛ばすのに、うちではうしろから前へ飛ばすようにしているからです。

初期の畑は、まだ土がゴロゴロしていることが多いので、刃を4枚もつけて細かくします。回転数も、後半戦よりは上げる。なぜ細かくするかというと、さきほど説明したように、土がサラサラじゃないとすき間ができて、雑草が生き延びるからです。

これは非常に重要な点で、雨の日はもちろん、雨が降る直前でも土寄せは絶対にやりません。せっかく土をかけても、雨で沈んでしまうからです。雑草が地上に顔を出すと、土寄せした意味がなくなる。後半戦では多めに土をかけますが、前半戦はほんのちょっとしかかけないので、より注意が必要になります。

ただ、4枚も刃をつけて高速回転させると、土があちこちに飛び散ってしまい、ネギにピンポイントで届きません。そこでカバーをとりつけることで、そこにいったん当てて、ネギの真上から落とせるよう工夫した。だから、その技に「滝の仕業」という名前をつけているわけです。

ちなみに、土をもちあげて落とし、雑草を倒すことを、うちでは「ダンク」と呼んでいます。バスケットボールのダンクシュートの「ダンク」です。土は「寄せる」ものではなく、「もちあげて落とす」ものなのだという意識を徹底している。一般的にはドサッとまとまった土をネギに寄せていく。でも、うちはほんの少しの土を、ネギの周辺に落とすだけ。土寄せというより、土落としの感覚です。

なお、b、c、dの山の上がへこんでいますが、これは管理機のタイヤが通った跡です。機械が通って圧がかかっていますから、雑草が生えやすい。ここに雑草が育った場合、次回以降の土寄せ作業のときに、管理機を停めて、手で取ります。

畑に入れば入るほど、人間が踏んで雑草が生えやすくなる。畑に入る回数はなるべく減らしたいのです。だから、管理機を入れる「ついでに」手で取ったり、追肥をやる「ついでに」農薬をかけたりするわけです。

平らの状態を極めよ

第3回のdに「3度目の乱」と格好いい名前がついているのは、作業としてかなり難しいからです。まずは山が小さくなっているので、土を取りにくいこと。さらに、ネギの横にはすでに2回、土を落としていますから、斜面の傾斜がなだらかになっていて、土が滑り落ちていきにくいこと。

3度目の乱は、畑によってはやらないこともありますが、耕作放棄地を借りた初年度など、雑草だらけになるので、やらざるをえない。

第4回の平らの極みは、ネギを太らせる最大のポイントです。山がないから日陰ができず、最大限、光合成できるという理由もあるのですが、それだけではない。

一般的には、2回目の土寄せで、もうこの状態になってしまいます。一度にたくさんの土をかけるからです。でも、まだ小さなネギにたくさんの土を寄せると、そのぶん日陰が増える。ネギは光を求めて上に伸びます。横に太らず、ヒョロヒョロしたネギになってしまうのです。

さらに言うと、この時点で下のほうの葉っぱを土で埋めてしまうし、根元までビッチリ土で埋めてしまう。だから、太らない。

116ページの図を見ると、うちの場合、ネギと土が接する部分が、まだV字形になっているのがわかると思います。グラグラの状態です。風が吹くと、右に左に揺られる。ネギは風に倒されまいと踏ん張ります。だから、太くなる。

平らを極めるとネギが太くなるというのは、こういうことなのです。

人生にたとえると、平らの極みは中学1年生ぐらいでしょうか。ここまでくると、もう雑草は怖くありません。ネギが日陰を作るので土の温度が上がらず、雑草の種が発芽しにくくなる。仮に発芽したとしても、日陰で育つのは難しい。

いま、うちで土寄せの作業を任せているのは6〜7人。作業をやるのは彼らですが、そのつど、僕が畑を回って、管理機の刃を何度も何度も微調整して、「これでやってみて」と指示しています。畑ごとに毎回毎回やっている。

ただ、第1〜2回の土寄せ、第5〜8回の土寄せは任せられても、3度目の乱、平らの極みに関しては、僕が畑を見て刃の微妙な調整をしています。ここが勝負どころだからです。

なぜ谷を作るのか

梅雨入りまでに平らの極みまできていればベスト。まあ、3度目の乱まできていたら、あとはなんとかできる自信がある。

畑によっても違いますが、前半戦は10日に一度とか2週間に一度、管理機を入れるイメージです（耕作放棄地では5日に一度ということもありますが）。

後半戦は多少スパンが長くなって、2〜3週間に一度ぐらいになります。真夏はネギもあまり成長しませんし、雑草もあまり成長しない。それに、ネギが大きくなるに従い、根っこを切ってしまうリスクも高まるので、なるべく土寄せの回数を減らしたい。

余談になりますが、万が一、ネギの根っこを切ってしまったとしても、水分があれば生き延びます。これに気づいたのは、最上川が氾濫したとき。河川敷にある畑が水に浸かってしまったのですが、根っこは酸素を求めて水面に出てきていた。

ところが、水の引いた数日後に見ると、根っこがクルンと回転して、土の中に戻っていたのです。「ひょっとすると、水があれば、根っこはわりと自由に動くのではないのか？」と思いました。

そういえば、師匠はネギが育ってくると、いつも雨の前日に土寄せ作業をやっているような気がします。本人に確認すると、「そりゃ、そうだ。雨降ったら、根っこが土に引っ込むべ」。

「なんで早く教えてくれんのよ」って話です。それ以来、特に中割のようにドカーンと大きく掘る作業をやるのは、雨の前日と決めています。

さて、第5回からの後半戦は、これまで山だった部分を掘り下げて谷にし、大きく育ったネギの周囲に山を作っていく作業になります。

ネギの周囲を山にしていくのは、白根に光を当てないためです。光を当てると葉緑素が

収穫間近のネギ

できて、緑色になってしまう。この段階になると、白根もだいぶ伸びてきていますから、ネギの周辺に土を盛る必要があるわけです。

ネギの周りに小さな山を作るのが、第5回の小山、中ぐらいの山を作るのが第6回の中山です。ネギの成長が速いときには、中山の工程をスキップして、第7回の中割に進むケースもあります。

大きく掘り下げて谷を作る理由は、隣の畝に植わったネギの根っこ同士が、からみ合うのを防ぐためです。根っこが複雑にからみ合っては、ちゃんと栄養がとれなくなるし、病気にもなりやすくなる。

新しく谷になった部分は、人間の通路でもあります。何度も踏むからキュッと締まって、空気が抜けている。ネギの好む酸素が少ないのです。だから、ネギの周囲に新しくフカフカの山を作ってやれば、根っこはそちらに誘導される。

１１６ページの図を見ると、ネギの根元がＶ字のままだとわかると思います。もう平らの極みのような中学生ではなく、高校生ぐらいにはなっているので、風で太らせる要素は減っています。では、なぜＶ字かというと、これをやる時期は雨が降らずに猛暑が続くこともあるからです。Ｖ字の部分には水がたまるので、乾燥しすぎを防ぐことができる。最終的な形が第８回の止め。これで土寄せ作業は終わりです。出荷時期の１ヵ月前ぐらいまでに、この形にもっていきます。

雑草とは闘うな

ネギ畑なんて一度も見たことがない読者が、車で天童市周辺を走ったとしても、「ここはねぎびとカンパニーの畑だな」「ここは別の人の畑だな」と、すぐ判別できると思います。素人が初見でわかるぐらい、雑草が圧倒的に少ない。

ネギ自体の立派さが違うことも、素人目にわかると思います。**雑草に栄養を横取りされないぶん、ネギの成長もダントツに速い**のです。４月に植えたものが、７月にはもう収穫できる。山形県でもっとも早いのがお盆頃の出荷ですから、それより１ヵ月半は早い。成長を阻害するものが少ないからです。

とはいえ、雑草を完全にゼロにすることはできません。土寄せをこれだけ繊細にやっても、退治できるのは8〜9割ぐらい。残りは手で取るしかないので、管理機を入れるついでに取ったり、重たい管理機を畑に入れられない梅雨の時期などに、みんなで一気にやったりしています。

要は、雑草には勝てないのです。消費者金融時代、「返す金なんかない。知らんがな」と言った人には法的手段に訴えたのと同じで、真正面からぶつかっちゃいけない。闘わなくて済む方法を探すべきなんだと、年々考えるようになりました。

ひとつは、発芽させないことです。バックで作業するのもそうですし、土の質を改善することで、雑草が発芽しにくい環境に変えていく。

そしてもうひとつが、そもそも雑草の出やすい畑は借りないことです。

雑草の種は、無数に畑に落ちています。撲滅不可能なほどいっぱいある。それでも芽を出す畑と、芽を出さない畑があるのは、その雑草が好む環境にあるかどうかの違いです。

たとえばカヤツリグサ。日本全国どこでも種は落ちているのに、土に水分が多くないと発芽しません。昔は田んぼだった畑でよく見かけます。ネギは乾燥を好む植物ですから、カヤツリグサが生えている土地は向いていないわけです。

カヤなど縦に伸びる雑草は、栄養分の少ない痩せた土地に育ちます。土から栄養を取れないぶん、光合成で栄養を作ろうと、背を伸ばすわけです。酸性の土壌を好むので、消石灰をたくさん入れれば出なくなるのですが、消石灰はネギの根っこも傷めてしまうので、なるべくなら使いたくない。だから、カヤの生えている畑は借りない。

耕作放棄地は意外と栄養のバランスが取れていて、ネギがよく育つことは、前にも触れました。雑草の問題さえ除外すれば、メリットはあるのです。だから、ミネラル豊富なところでしか育たないハコベの生えた耕作放棄地なんかは候補になる。

うちで何年も使っている畑では、生えてくる雑草の種類が限られています。スベリヒユ、タイショウクサ（ノボロギク）、スズメノカタビラ、ヒメオドリコソウ、コハコベ、アカザといったあたり。毎年、有機肥料を入れ続けることで、土の質を改善できる。以前、カヤだらけの畑を借りたときは、２年ほどで栄養分の多い畑になったので、完全に姿を消しました。カヤツリグサだらけの畑を借りたときも、２～３年で水分が抜けて、スベリヒユが生えてくるようになった。

とはいえ、べつに土の質を改善する苦労をしなくたって、もっと条件のいい畑を探せばいい。どんな畑でも借りられるだけで満足していた時代を思えば夢のようですが、いまやネギに向かない畑を返還し、向いた畑を新たに借りるステージに入っています。

微生物で病気を防ぐ

雑草と同じく病気も、激減はしても、撲滅はできていません。そこで最近、注目しているのが微生物です。

うちもかつては、むちゃくちゃ病気にやられました。軟腐病で畑1枚が全滅したこともあります。一度かかったら、治しようがなかった。

それぞれの病気に対して、薬は存在するのです。全部試しましたが（うちの師匠もテスト魔なので、二人でテストしまくったのです）、効果がない。要は、その薬で皮をバリバリに硬くして、病気になりにくくしているだけの話だとわかってきた。病気が治らないうえに食感も悪くなるとしたら、受け入れられません。

自分が試したなかで特効薬と呼んでいいのは、ダイナモ®という殺菌剤だけです。これを使うと、べと病が一発でなくなりました。

特効薬がないとなれば、病気にならないよう予防するしかありません。土の中の微生物を増やすことで、病気を予防することはできないか、と考えました。病原菌を殺してくれる微生物がいるという話を聞いたからです。

さまざまな微生物資材を取り寄せてはテストするようになりました。微生物資材は普通に市販されていますが、高価なので、普通の農家には縁遠い存在です。まだエビデンスもそろっていないため、うさんくさい目で見る農家も多い。情報が少ないから、すべて自分で確認するしかないのです。

たしかに微生物由来のバイオキーパー®やマスタピース®という生物殺菌剤をまくと、軟腐病が激減した。そのメカニズムをきれいに説明できなかったとしても、微生物が病気に対して何らかの効果を上げているのは確実です。

微生物資材をテストする過程で確信したことがあります。どれが効いているか特定できないのだから、たくさんの種類を入れたほうがいい、ということでした。**よくわからないので「多様性に頼らざるをえない」**ということです。

だいたい農業って、わからないことだらけなのです。去年までよその畑の1・5倍はあって、「ドル箱」と呼んでいた超優良な畑が、今年は突然、病気にやられて全滅なんて、当たり前の世界。何がどうなっているか明確に説明できないのだから、可能性のあるものすべてに賭けたほうがいい。

しかし、市販されている微生物資材は微生物の種類が少ないのです。そこで、数万種類もの微生物が入った資材をオリジナルに作ってしまいました。2016年からは、肥料と一緒に、この微生物資材をまいています。病気はもっと減りました。

さらに、新たな微生物資材を開発し、こちらは「超微生物」という名前で、2021年春に市販されることが決まっています（オリジナルの有機肥料については、すでに2019年から「超有機肥料」として販売を始めています）。

超微生物の特徴は、微生物の種類が多いことに加え、米ぬかを加えてあること。米ぬかは、微生物のエサです。家庭菜園で使うことを考えると、わざわざ「何を入れたら、この微生物が活性化するか」と考えながら使う人は少ない。そこで、「兵糧をもたせたうえで、兵隊を畑に送り込む作戦」をとっているわけです。化成肥料で育てている家庭農園であっても、これを使えば病気になりにくくなるし、土がフカフカになります。

要は、「作物にご飯をやることだけでなく、土にご飯をやることも考えませんか？」という提案なのです。

雑草の根っこで土がサラサラに

そんなわけで、いまは微生物に夢中になっているのですが、その延長線上で、画期的な農法を考えています。

軟腐病でネギが全滅し、「もうここにネギは植えられん！」と、畑を放棄したことがあります。翌年は放ったらかしなので、雑草がボーボー。その翌年はネギではなくカボチャを植えました。さらに翌年、試しにネギを植えてみたところ、これまでにない大豊作だったのです。軟腐病がまったく出ないどころか、ネギの品質が最高クラスだった。

ここにヒントがあるぞ——。そう思いました。畑を休ませることが、病気対策のカギになるんじゃないかと。

そこで2年休ませたり、3年休ませたり、さまざまな実験をしてみた。病気が出ないようにするには、2年休ませるので十分のようでした。反収が増えるというのも、僕の思い込みではないと確認できた。

連作障害というものがあります。同じ畑で同じ作物を作り続けると、病気になりやすい。でも、不思議なことに、それは畑によるのです。2年で連作障害が出る畑もあれば、20年間作り続けて一度も出ない畑もある。まったく出ない畑には出ません。つまり、休ませることで畑が良くなったのは、連作の問題ではないということです。

ひょっとすると、休ませているうちに勝手に生えてきた雑草が、何らかの役割を果たしているんじゃないか？

調べると、雑草のなかには、病気や虫に効くものがあった。土中の菌を吸ってしまうらしいのです。たとえばアブラナ科のチャガラシ（からしな）は、サツマイモのネコブセンチュウなどを退治することで有名です。ネギの軟腐病でいえば、ソルガムなどのイネ科の植物が病原菌に効くという研究がある。実際にソルガムを植えて、実験しました。たどり着いたのは、イネ科のギニアグラス、マメ科のクロタラリア、キク科のマリーゴールドの種をブレンドして、畑にまく方式。それぞれ、さまざまな病気に効果があると言われる雑草ですが、さらにそれを組み合わせることで多様性に頼った。

こうした雑草を植えると、土の中の微生物層も、ネギを植えていたときとは変わります。それも病気予防に貢献しているはずです。

病気の出た畑ではネギ栽培を休み、雑草3種の種をまく。1メートルぐらいに育ったら、茎だけ刈って、畑に落とす。根っこは残したままなので、また生えてくる。また刈る。その作業を年2～3回くり返します。

畑に落ちた雑草の枯れ草は、雪が降る前に土にすき込むことで、養分に変わります。病原菌を吸ってくれるだけでなく、肥料にもなる。「緑肥」と呼ばれるものです。

ここで重要なのは、絶対に枯れる前にすき込まないこと。腐葉土は枯れ草が積み重なるから、徐々に分解されてフカフカになる。もし葉っぱを枯れる前に土中に入れると、これまでの僕の経験上、土が硬くなってしまうのです。

緑肥を施した翌年にネギを植えてみたところ、これまでになく豊作になりました。病気はまったく出なくなった。ネギの太さも申し分なかった。

さらにうれしいのは、土がサラッサラになったことです。雑草の根っこが畑を耕してくれたのだと思います。土の質まで改善したわけです。ここまで何度も語ってきたように、ネギを丈夫に、そして太く育てるポイントは「サラサラの土」にあるわけですから。

そこで、今後は病気が出た畑に限定せず、すべての畑でこの方式を採用しようと考えています。

３年に一度しか植えない農法

僕が考えている近未来像はこうです――。

24町歩の畑を確保して、それを３グループに分ける。それぞれ、１年目、２年目には雑草を育て、３年目に有機肥料をまいてネギを育てる。単年度で見れば、８町歩の畑だけでネギを栽培するわけです。

２０２０年現在、確保済みの畑は15町歩ですから、まだ９町歩足りない。３～４年のうちには確保できると予想しています。

このアイデアを人に話すと、「言うのは簡単だけど、実際にやっている人は誰もいないんだよねえ」なんて揶揄《やゆ》されることがあります。でも、僕的には勝算がある。**数字に置き換えてみれば、合理性がある**からです。

これまで10町歩作っていたのを、8町歩にするとなると、そのぶんの資材代、肥料代、農薬代、人件費が浮きます。経費を2割も削減できる。

たしかに畑代はかかるのです。天童市では1反歩が1年7000円程度なので、7000円×160反歩＝112万円を遊ばせることになる。しかし、このやり方だと病気が激減して、反収がものすごく上がります。10町歩で5万ケース作っていたのが、8町歩で5・8万ケースいけると試算している。

8000ケース増えるとすれば、売上は2400万円アップする。それだけ売上が増えるなかでの112万円の経費増なら、十分採算がとれます。

栽培する畑を8町歩に減らせれば、「雨が降りそうだから、大急ぎで作業やるぞー」みたいなことも減ります。かつて4月に雨が続き、2町歩しか苗を定植できなかったことがありました。残りの8町歩ぶんは、5月に必死で植えた。植える面積が2割減るだけで、そんな苦労も減り、より品質の高いネギを育てることに専念できるのです。

第４章　羊の世界を一歩も出るな

●デメリットがメリットになることもある
●マーケットを間違えるな
●問題があるところにチャンスあり
●ターゲットを変えると売り方も大きく変わる

失敗に次ぐ失敗

ネギを畑で育てるところまで見てきました。あとは収穫・出荷ですが、その話は次章に回し、この章では、いま勝負を賭けている苗ビジネスの話をしたいと思います。

ここまで読んでいただいた方には、僕が苦労はしても、最終的には成功ばかりしているように見えたかもしれませんが、とんでもない！　特に農業を始めてからは、チャレンジしたことのほとんどが失敗に終わっています。「うまくいったのはネギだけ」という言い方をしてもいいぐらいです。

思いつくことは、何でも試してみたいタイプなのです。毎回「これは絶対に成功するぞ！」と思い込んで、９割がた失敗する。自信満々で失敗する。人の何十倍は挑戦していますから、失敗も何十倍あって当然です。

才能が０％でも１００％の努力さえあれば成功するという信念は、いまも変わりません。しかし、努力の方向を間違えてしまうと、その努力は成果に結びつかない。魚のいない海に釣り糸を垂らしているのと同じで、どんなに釣り方を工夫しようが、何十時間粘ろうが、釣れるはずがないのです。

努力の方向を決めなきゃいけない立場になってみて、体操や卓球のときはコーチが、前の会社のときは会長が、ネギ栽培のときは師匠が、陰に陽に正しい方向へ誘導してくれていたのだと、いまさらながら思い知らされました。

いま振り返ってみれば、失敗の大半は、ある条件と関係しています。その条件があるため、どうしても焦りが生まれてしまうのです。

東北では、雪が積もっている間は農業ができない――。

この前提条件だけは動かしがたい。だから東北の農家は冬場だけ杜氏《とうじ》として、全国へ酒造りに出たりしてきた。青森では、冬でも地元で仕事がしたいと、名産であるニンクの乾燥技術を発達させた。北国はどこも冬場は苦労しています。

うちはネギの成長がダントツに速いおかげで、山形県では珍しく7月にネギを出荷できるという話はしました。逆に言えば、2月から6月までは出荷がないわけです。売上ゼロです。それでも従業員の給料は払わないといけない。

これまで最高で183日間、入金なしでした。一年の半分です。**1年の半分、売上ゼロなんて会社があるでしょうか？**　経営者としては、こんなに焦りを感じる状況はありません。

雪のなかで育てる、いわゆる寒中ネギを試したこともあるのです。しかし、雪をどけて収穫するのに、すさまじい労力がかかる。人件費が一日5万円にふくれ上がったりして、まったくペイしなかった。

いかにしてネギを出荷できない期間も売上を確保するか？　最初はネギ以外の野菜を作ることを考えました。次にネギを加工した食品で勝負しようとした。もう失敗の山です。ようやくたどり着いたのが、ネギ苗を売るビジネスなのです（有機肥料や微生物資材の販売も、農閑期を見すえたビジネスといえます）。

「6次産業化」という言葉がはやっていますが、すべての農家にあてはまることではない気がします。僕はまったくダメでした。だから僕は、悩める農家の人たちに「**いまいる場所を離れるな！**」と声を大にして言いたい。僕がそう考えるようになったのは、どういう体験をしたからなのか。それを語りましょう。

殺虫剤って原液でかけるんじゃないの？

いまはネギ作りも上達したので、7月下旬には初出荷できます。でも、最初の2年間ぐらいは、どんなに頑張っても8月中旬までは出せなかった。

2年目に借金生活に入った話はしましたが、とにかくお金がありませんでした。春先は仕事がないため、従業員には長い春休みをとってもらうしかない。自分は経営者失格のように思えて、悔しくて仕方がなかった。

だから、ネギ以外の作物の栽培にも必死に取り組みました。春先にサッと作って8月までに出荷できる作物で、とりあえず現金収入を確保したかったのです。ネギ9割、他の作物1割ぐらいのイメージでした。

1年目は小松菜でした。ネギを育てるのは半年かかるのに対し、種をまいてから1ヵ月半〜2ヵ月あれば出荷できるので、副収入には最適です。

「金がないなら、小松菜でも植えたらどうだ。まいときゃ、勝手に育つから」

師匠からそうすすめられて、1反歩ぶん、種をまいた。たしかに放っておいても、勝手に芽を出して、グングン育ちました。

しかし、すべてが虫に食われてしまった。師匠に報告すると、「お前、ちゃんと消毒したのか？」。するわけありません。そんな知識すらなかった。「小松菜って、ずいぶん穴だらけの野菜なんだなあ」と思ったぐらいなのです。

そう言えば、不動産会社の社長をしていた時代、管理しているアパートの庭先が雑草だらけになったことがありました。

「そうだ。あのときは除草剤をガバガバかけたよなあ。あれと同じことをやればいいんだ！」

そう気づいて、殺虫剤を買ってきて、ガバガバかけた。1000倍に薄めてかけなきゃいけないのに、原液のままかけた。すぐ殺虫剤がなくなるので、「消毒って、どんだけ金かかんねん!」と農薬メーカーに文句を言ったら、「社長、それ薄めてかけるんですよ」と教えてくれた。それぐらい無知でした。

当時は農業に関する基本知識が皆無だったのです。前の会社に入ったとき漢字も割り算も知らなかったように、才能0%でのスタートだった。

小松菜は全滅し、ひとつも出荷できませんでした。

サクランボがありません!

虫に食われる野菜はダメだ。そう痛感したので、2年目はサクランボに挑戦しました。山形県の名産ですから、天童市にも果樹園は多かった。そこで、すでに成木が植わっていて、すぐに収穫できる果樹園を借りました。

サクランボは順調に育ち、収穫できるところまできました。「さすが俺は、いいチョイスをする。失敗は去年でピリオドだ」と大口を叩いていたのです。

ところが、収穫予定日の前日、従業員から電話が入ります。

「社長! ありません! サクランボがありません!」

最初は意味がわからなかったのですが、どうやら泥棒にあったらしい。40〜50本ぶんのサクランボを根こそぎもっていかれた。盗んでも、出荷ルートをもっていなければお金に換えられません。

農作物の盗難はよくある話らしく、ハウスの周囲にネットを張るのが常識だとのこと。カラスよけと同時に、泥棒よけにもなるからです。でも、誰ひとり、そんなこと教えてくれなかった。あまりに常識で、教える必要もないと思ったのかもしれません。

2年連続で副収入ゼロです。ゼロというか、投資をしたぶん、損をしています。もう呆然とするしかありませんでした。

ちなみに、このとき、やることがなくなったため、近所のサクランボ農家の手伝いにいきました。そこで特別大きくて赤黒く光っているサクランボには特秀という等級がつくことを知り、「なんで野菜には特秀がないんだあ！」と憤ります。それがのちに真の葱やモナリザにつながっていくわけですから、何が幸運に転じるかわからないものです。

強気の交渉が裏目に

3年目になると、スーパーとの付き合いも一気に増えました。そこで、バイヤーにこう言ったのです。

「いま何に困ってます？　俺、作りますよ」

交渉ごとの基本は、自分が困っていることを助けてもらうより、相手が困っていることを先に解決すること。どんなにお金に不自由していても、「何でも作りますから、助けると思って仕事をください」と泣きつくんじゃあ、足元を見られて買い叩かれる。だから、ちょっと生意気な態度で、スーパーの悩みを「解決してあげた」わけです。

すると、今年はカリフラワーが品薄で困っているのだと言います。「じゃあ、俺が作りますよ」「カリフラワーなんか作れるんですか?」「大丈夫。余裕です。2万個でも作りますよ!」。

もちろん、作った経験などありません。でも、頭の中には「2万個作って1個198円で卸したら、400万円くらいの売上にはなるな」という計算しかなかった。資金面でかなり追い込まれていたのです。

「これで俺たち、7月はカップラーメン生活から脱出できるぞお!」

なんて宣言して、従業員と盛り上がりました。

やってみると、2万個の苗を植えるのは、けっこうな作業でした。でも、これが突破口だという共通理解があるので、みんな一丸となって植えた。小松菜の失敗に学び、消毒もきちんとやった。苗はどんどん成長しました。

ところがです。いつまでたっても、蕾《つぼみ》(食べる部分です)を葉っぱが巻いてこない。

栽培方法を手取り足取り教えてくれた種苗会社から「そろそろ収穫時期です」と電話があったのですが、結局、最後まで巻かないままでした。あとからわかったのは、何十年に一度という雨の降らない年で、その影響が出ていたのです。

蕾を葉っぱが巻くから、カリフラワーは白くなる。巻かずに日光に当たると、黄色いカリフラワーになってしまいます。まあ、違いは色だけなので、「できました。黄色いカリフラワーだからビタミンCたっぷりです」なんて、写真入りのメールをバイヤーに送りました。ドキドキしながら待っていると「いいですね！」と返ってきて、ひと安心です。

しかし、そこからも予想外のトラブルが続きます。水がない環境で育ったから、抵抗力が弱い。ちゃんと消毒をしていたのに、出荷したカリフラワーから青虫が出てきた。もうファックスが止まらないぐらい、各店からクレームの嵐でした。

真っ青になりましたが、2万個も作っている以上、あとには引けません。すぐ回収して、ケルヒャーの高圧洗浄機で虫を飛ばし、塩水につけてから再出荷した。これで虫は完全に退治できたはずです。

ところが、翌日もまたクレームの嵐。水につけたものを猛暑のなか配送したため、スーパー各店に着く前に腐ってしまったのです。さすがにもう強気の言葉は出てきません。「今回はあきらめます……」と伝えるしかなかった。

そのまま畑を放置したのでは、虫が大繁殖してしまいます。炎天下、従業員総出で、残っているカリフラワーを刈りました。

3年連続の全滅は大打撃でしたが、炎天下で草刈り機をウィーンウィーンと動かしていると、なんだか笑いがこみ上げてきた。みんなで大爆笑しながら「全滅だらけの人生だよなあ」なんて言って、記念写真を撮りました。

カボチャは売り先がなかった

栽培は大成功したものの、営業で失敗したのが、4年目に挑戦したカボチャです。ミシュランで星をとったお店のシェフが「こんなにおいしいカボチャ、食べたことがない」と絶賛したぐらい、味は良かった。うちの畑に合った作物だったのかもしれません。

僕は営業に関しては絶対的な自信があります。スーパーとの付き合いも増えたので、「どこかに売れるだろう」と2万個も作ってしまった。

ところが、営業は困難を極めました。茨城県の江戸崎とか北海道の和寒《わっさむ》町とか、全国的に有名な大産地が、スーパーの取引をガッチリ固めてしまっていた。

カボチャやトマトは、味の違いがわかりやすい。スーパーとしては売れ筋商品なのです。だから、有名産地と直接契約して、すでにルートが完成してしまっている。新参者が入り込むすきなど、まったくなかったのです。

結局、売り先は数軒ほど。倉庫に在庫が山のように積み上がりました。「これどうするんですか？」と従業員が騒ぐなか、企画化して売ることを思いつきました。有名店のシェフも褒めるほどの出来なのですから、贈答用にできると考えたのです。

「恋するカボチャ」というネーミングにして、4〜5個を立派な箱につめ、3000円から5000円で売り出しました。

400箱売りましたが、それでも残ってしまった。残った在庫は、当然ながら廃棄です。

翌年から作らなくなったのは、売り先の問題もありますが、好き嫌いの問題もあります。カボチャはツル植物なので、ツルを誘引《ゆういん》しなきゃいけない。僕はあの作業が苦手なのです。無理やりグイッとやると、なぜかカボチャの気持ちになって「イテテテ……」と感じてしまう。誘引の作業はすべて従業員に任せていました。

実は、**こうした相性って、けっこうバカにならない**のです。たとえばキュウリみたいに、収穫しても収穫しても、次から次へとできる作物は、僕は苦手です。「いったいいつになったら終わるんだ」と、暗澹《あんたん》たる気分になってしまう。スティックブロッコリーを作ったときも、そう感じました。

ネギや小松菜だったら、１回抜いてしまえば終わりです。毎日少しずつ減っていくのも、気持ちがいい。ゴールが設定できるので、そこまでのスケジュールも組みやすい。「あと10日で終わりだから、そこまでのラストスパート頑張ろう」みたいに、みんなを鼓舞することもできます。

もちろん、キュウリ農家はキュウリ農家で、「何月何日までに何個できて、そこで打ち止め」なんてスケジュールを組んでいるのだと思います。「小さい面積で何回も何回も収穫できて、お得だ。ネギみたいに土地を無駄に使っていない」と。

どの作物を選ぶかは、案外、こんな好き嫌いで決まっているのかもしれません。

１株６００円のホウレンソウ

栽培も営業もうまくいき、ネギ以外でいまでも作り続けている唯一の作物がホウレンソウです。ただし、春先の現金収入を確保するという当初の目的とはかなりずれ、毎年、冬場だけに出荷しています。

11月下旬から12月中旬にかけて、ネットやスーパーで販売している「キスよりあまいほうれん草」がそれです。有名レストランにも卸しています。

１株６００円というブランド品ですが、１株といっても、普通のホウレンソウの30倍もの重量があります。一般的なホウレンソウは、シーズンにもよりますが、だいたい10株ぐらい入って、200グラム198円程度です。うちのは500〜600グラムの1株だけ入って600円（自社のネット販売）。たしかに1株当たりだと30倍高いのですが、グラム当たりだと、そんなに変わらない。

これで味が特別なものだったら、消費者は高いとは感じません。真の葱やモナリザみたいに贈答用としてではなく、普段づかいの野菜にできる。まあ、スーパーでは「大きすぎて棚におさまりません」と嫌がられるケースもあるのですが。

初めてホウレンソウを育てたのは4年目のこと。ネギ栽培のあとに植えるといいと言われる作物なので、かなり早くから挑戦していた。しかし、最初は失敗しまくりました。非常にデリケートな作物で、土が合わないとうまく育たないのです。

日本の土壌はたいてい酸性にかたむいています。雨が多いためアルカリ分（石灰）が流されてしまうからです。天童市だとpH5ぐらいが普通です。ネギは中性の土が好きなので、それを6〜6・5ぐらいにもっていく。ホウレンソウも中性の土が好きなのですが、さらにアルカリ性寄りでないと育たない。pH6・5〜7ぐらいです。

一般的に、酸性の土をアルカリ性寄りにもっていきたい場合、消石灰を入れます。どれだけの量を入れるかで、pHの調整をするわけです。しかし、根っこが地表に向かってクルンと上向くネギと違い、ホウレンソウの根っこは垂直に下へ下へと伸びていきます。つまり、地表の少し下だけ消石灰を入れたからといって、間に合わない。根っこの先端は、必ず酸性の土に接してしまいます。

だから、すぐにはホウレンソウ向きの畑にできないのです。少しずつ少しずつ土の質を改善していくしかありません。うちは消石灰ではなくカキ殻の石灰を使っていますが、それが徐々に地下深くへ沈んでいくのを待つ。だいたい3年目ぐらいには、ちょうどいいpHになりました。

ホウレンソウに合う畑も徐々にわかってきました。いま65ヵ所にある畑のうち、5ヵ所ぐらいが合うとわかった。特に最上川の河川敷にある畑は、河川の氾濫によって流れてきた泥が堆積しているので、ミネラルが豊富。特にいいホウレンソウが育ちます。

もちろん、ミネラル分は、自分で足してもいい。こうして挑戦3年目頃から、自然と立派なものが育つようになったわけです。

なぜキスよりも甘いのか？

一般的なホウレンソウは25センチほどの長さですが、うちのは50～60センチあります。根っこなんか、地下2メートルぐらいまで伸びていると言われています。規格外もいいところですが、あえて言うなら4〜5Lサイズぐらいある。

種苗会社も毎年、見学に来ます。彼ら自身が栽培しても、ここまで大きくはならないし、ここまで甘くはならない。そもそも、そういう品種として育種していないと言うのです。「不思議だ。どうやったら、こんなに育つんですか?」と。

規格外に大きなホウレンソウを作ろうと考えた理由はふたつあります。

まずは、例の「価格の乱高下」。冬は198円のホウレンソウが、夏は298円、秋口は88円になったりする。そうした乱高下に巻き込まれるよりは、いいものだけ作って高単価で売りたい。そのために、何かスペシャルな特長が必要だった。**並はずれて巨大ならば、消費者をビックリさせることができます**。

もうひとつは（こっちの理由のほうが大きいのですが）、**ホウレンソウは大きく育てば育つほど、エグみが減って、甘みが増す**ことを発見したからです。

調べてみると、ちゃんと科学的に分析している研究者がいました。ホウレンソウのエグみの正体は、シュウ酸と硝酸だと言われています。市販のMサイズと2Lサイズを比較した場合、茎でシュウ酸は全重量の0・22%から0・18%に減り、葉で硝酸は0・05%から0・015%に減るようです。

この分析では、エグみを消す効果のあるクエン酸も、甘み成分である果糖、ブドウ糖、ショ糖も、大きいホウレンソウのほうが増えていた。「大きく育てたほうが甘くなる」という僕の実感は、科学的にも正しかったわけです。

この分析はMサイズと2Lサイズの比較でしたが、キスよりあまいほうれん草は4～5Lぐらいの大きさがある。シュウ酸・硝酸はさらに減り、クエン酸・果糖・ブドウ糖・ショ糖はさらに増えているはずです。

ただでさえ甘みは増しているのに、エグみが減っているぶん、よりその甘さを感じられるようになる。ホウレンソウ特有のギシギシした感じがないので、生でサラダにして食べられるぐらいです。

東北だからできること

ホウレンソウを甘くするコツは、栽培方法にもあります。ネギと一緒で、ゆっくりゆっくり育てることです。畑に長く植わっていれば、それだけ光合成の量が増えるので、甘みもうまみも増していきます。さらにいえば、シュウ酸も硝酸も抜けていく。

暖かいと、植物はグングン育ちます。寒いと、あんまり育たない。だから、じっくり育てるために、種まきのタイミングを遅らせています。

天童市だと、だいたい8月末、遅くても9月10日までには種まきしますが、うちは9月

15日ぐらいまで待つ。「たった5日か」と思ったかもしれませんが、秋の種まきが5日違うと、出荷時期は2週間もうしろへズレます。それぐらい違う。

山形県では10月末からガーンと気温が急落し、11月には雪が降ることもある。最後のほうは、あえて雪に当てる。より甘みが増すからです。徐々に寒さに慣らしているから、雪で枯れることはありません。

雪が積もる時期までには収穫します。ホウレンソウの上にビニールをかけて、雪のなかで育ててみたこともあるのですが、収穫に難があった。まず雪をよけるだけで重労働です。しかも、湿った土を踏みまくるので、翌年、土が乾かず、硬くなってしまう。そんな理由で、雪の中で育てることは断念しました。

こうした作り方は、寒い土地だからできることです。じっくり育てるのも、雪に当てるのも、暖かい土地ではできない。東北ならではのホウレンソウ栽培といえます。

関東でホウレンソウ農家をやっている友人に聞くと、「味なんか求めている余裕はない。とにかく欠品させずに毎日出荷することが命だ」と言います。暖かいと作物はすぐに育つ。それを利用して、彼は畑を年に10回転もさせている。そのおかげで年商3億円と、ものすごい規模の農家に育ちました。

雪の積もる**東北で年中作るのは無理ですが、東北でしかできない農業もある**ということです。キスよりあまいほうれん草は、絶対に関東では作れない。

ネギだって同じことです。白ネギの2大産地は千葉県と埼玉県。その2強を、茨城県と北海道が追いかけている。関東では暖かさを生かし、年中作ることで売上を増やす。秋に植えて、翌春に収穫することすら可能です。

うちでも秋植えを試したことがあります。5月に出荷してお金が入ってくるなら、そんなに助かる話はないので。9月に植えて、翌年の5月に収穫しました。でも、雪のために、土がコンクリートのように固まってしまった。ネギの皮もガチガチです。出荷できるレベルではなかったし、土を傷めるので、1回でやめました。

考えてみれば、べつに年中作らなくたっていいのです。寒いからこそ、長く畑に植えたままで、ゆっくりゆっくり成長させられる。そのぶん光合成の量が増えて、甘みもうまみも増す。こんなネギ作りは東北でしかできません。暑い時期はわかりませんが、少なくとも寒い時期の味で、関東に負けない自信がある。

関東は一年中作り続けるため、連作障害に悩まされることも多いのですが、植えられる期間が決まっている東北では、それも少ない。病気になりにくければ消毒の必要も少ないから、土の中の微生物を殺すこともない。

この章では冒頭から「春先の収入がない」とボヤいてきましたが、雪の降る土地で農業をやるメリットだって大きいわけです。そのアドバンテージを生かすためには、**関東と同じ闘い方をしない**。そこがポイントだと思っています。

メガネの曇り止めまで企画した

ホウレンソウは成功したとはいえ、春先の現金収入にはなりません。ネギ以外の作物は全敗といっていいでしょう。そこで考えたのが、「ネギならいくらでもあるんだから、加工食品にすればいいじゃないか」ということでした。

すでにスーパーとの取引は拡大し、売り先は確保しています。うちの加工食品も扱ってくれるよう頼めばいい。そんな単純な発想で最初に打ち出したのが、4年目に開発した「ねぎ寅君」シリーズです。

これはねぎキムチや、ねぎそぼろなど、ごはんのお供をコンセプトに作った商品でしたが、僕が期待したほどは売れませんでした。

しかし、当時はネギの販売が急拡大している時期なので、もうイケイケです。この失敗にメゲることなく、次から次へと新商品を企画しました。

「ねぎ納豆」「ねぎ塩」「葱煮セット」「ねぎ餃子」「ねぎカレー」「ネギまんじゅう」。これらはネギを加工したものですが、カボチャを加工した「カボチャDEスープ」もありました。企画のみで終わったもの、商品化して失敗したものもありました。

実は加工食品以外にも手を出そうとした。「うれすぃ〜」というミネラルウォーター、「くもらな〜い」というメガネの曇り止めまで企画しました。

いったいなぜ、ネギ農家がメガネの曇り止めを売ろうと思ったのか？　どこに強みがあるのか？　そう問われても、答えられません。本気で売るつもりでCMまで作ってしまった。いま思い出すと恥ずかしいかぎりですが、そのときは絶対に成功すると自信満々だったのです。

簡単に言えば、冷静さを失っていたということでしょう。車でもバイクでも、スピードを出せば出すほど、視野が狭くなります。全力疾走していると、どうしても視野が狭くなる。まさにそんな状態だったのだと思います。

ただ、仕方のない面もあるのです。歩きながらジャンプしたのと、助走をつけてジャンプしたのでは、跳べる距離が変わってくる。何をやるときでもトップギアに入れて全力疾走すべきだというのが持論ですから、勘違いしたまま走り続けていることだってある。いままでは、いい勉強をさせてもらったと考えています。

次々と襲いかかるトラブル

いまでも会社で伝説になっているのは、4年目に作ったねぎキムチとねぎそぼろです。当時は「コンビニがキムチなんか置くわけがないだろう」とみんなに笑われたのですが、営業力を生かして、大手コンビニとの契約をとってきた。しかも、一日5000個もの量です。本当に最初のロットの注文がきたときは、舞い上がりました。

ところが、食品工場に確認すると、一日500個の生産スペックしかないと言うのです。それを卸し業者に伝えると……。

「仕方ありませんね。でも、5000個引く500個、つまり4500個が欠品扱いになってしまうので、一日当たり198円×4500個＝89・1万円を支払ってください」

絶体絶命のピンチです。まだ何も作っていないのに、違約金が発生する。4日ぶん出す契約ですから、350万円以上もの金額になります。そんな大金、当時は会社のどこを探してもありませんでした。

再び食品工場にかけあったのですが、「お願いします」「不可能です」の押し問答。最終的に僕が工場へ乗り込んで、「この仕事に命をかけているんです！」と訴えた。すると「作業する人さえ確保できるなら……」という言葉が返ってきた。

そこからは全従業員が畑作業をストップして、工場に乗り込みました。フェイスブックでもアルバイトを募集した。山形市の市議会議員まで手伝いにきてくれました。ふだんは

10人ぐらいしかいない食品工場に、40人以上が集まった。

ネギと一緒に入れる大根の皮むきは自動化されていません。ピーラーをもって、人海戦術でむいた。キムチを計量してパックに詰めるのも、1個1個、手作業でやった。

トラブルは次々と襲ってきます。あまりの量なので、パックが途中で足りなくなってしまった。でも、ちょうど週末だったので、パックを作る工場は閉まっています。広島県の工場だったのですが、なんとか手を尽くして工場長の自宅を突き止め、頼み込んで、日曜なのに送ってもらった。

さらに、この食品工場が、東京にある親会社の許可をとらずに、この仕事を引き受けていた。うちは地元では有名になっていましたが、東京では無名です。保証金1000万円を入れないと、操業は停止するという話になった。今度は親会社の会長のところへ直談判にいって、保証金を100万円に下げてもらった。

襲いかかる障害を振り払いながら、なんとか一日5000個を4日間、作りきりました。パック詰めが終わるのが深夜0時。「俺が走る!」と言って、トラックに商品を積み込み、東京までハンドルを握ります。向こうに朝6時に着いて商品を渡したら、急ぎ山形に戻って、そのまま翌日出荷ぶんの作業をやる。不眠不休の作業を、まるまる4日間続けた。

最終日、ようやく最後の商品を納品し、会社に帰ってきたら、従業員が「なんか、運転席が臭い！」と大騒ぎ。ようやくすべて終わったという安堵感からなのか、どうやら僕は帰路でパンツの中にウンチを漏らしていたようなのです。あまりに疲れていて、その事実にすら気づかなかった。

僕に伝説があるとすれば、このときの獅子奮迅の働きでしょう。こうした「もう間に合わない！」とか「ヤバい。打つ手がない！」という状況に追い込まれるのが好きなのです。生きている実感がビンビンしてくる。

とはいえ、会社としては、こんな無理は続かないし、そのコンビニが合併したことで契約も終わり、そこで断念しました。

しまむらでヴィトンを売ろうとしていた

販売は続けているものの、やり方を変えようとしているのが、ねぎ餃子です。

ネット販売している「寅ちゃんねぎ餃子」がそれで、20個入り９８０円。「おいしい」と評価はいただくのですが、決してバカ売れしているわけではありません。

実は日本の冷凍餃子の売上の８割は、「味の素」と「大阪王将」だけで占めています。値段を見ると、その理由がわかります。どちらも12個入りが３００円程度で買える。値段がうちの半分ぐらいなのですから、競争力が半端ない。

僕らの技術では、どんなに頑張っても20個入り600円にできるかどうかでしょう。それをやらないのは、「そこそこ高いのに、あまりおいしくないね」と言われたくないからです。それなら「かなり高いけど、やっぱりおいしいね」のほうがいい。

道の駅やお土産屋さんに行くと、農家が作った1000円のジャムや、800円のドレッシングなどが並んでいます。あれも同じことです。「かなり高いけど、やっぱりおいしいね」路線を選んでいる。

売り文句はいろいろあるのです。農家が手間ひまかけて作ったこだわりの野菜や果物を、ひとつひとつ手作業でドレッシングに仕立てましただとか。うちだって、そんな感じの売り文句を使っていた。

僕なんか、ミシュランで星をもらっているシェフに向かって、「あんたよりおいしい餃子を作れる」と言いそうになったぐらいなのです（ホントに口に出さなくてよかった！）。それぐらい味への自信があった。

でも、その説明で消費者は「それなら高くても仕方ないね」と納得するでしょうか？納得する人もいるでしょうが、ごくごく少数です。それでは**月何十万円のビジネスにはなっても、月何億円のビジネスに育っていかない**。

実際、うちの女性従業員たちは、寅ちゃんねぎ餃子もねぎキムチもなかなか買えないと言います。理由は「高いから」。僕なんか付き合いで「100個買ってあげるよ」と言ってしまうタイプですが、主婦の場合、そんなことは絶対にしない。食品を買っている層の多数派は、そういう人たちなのです。

大手メーカーが「安かろう、まずかろう」の商売をしているのなら、まだ勝ち目はあります。でも、味の素の餃子も、大阪王将の餃子もおいしい。大手メーカーはすさまじいお金と時間をかけて、安くて、なおかつおいしい商品を開発している。

ルイ・ヴィトンと、しまむらでは、客層が違います。どちらがいいとか悪いとかの話ではなく、置いてある商品の値段もブランド価値も違う。両方とも利用する人だって、しまむらでヴィトンのバッグを探すことはないはずです。

加工食品業界というのは、マーケット自体がしまむらの世界です。毎日口に入れるものだから、基本的に安さが優先順位の上位にくる。大手メーカーはその王道を歩んでいます。うちの餃子は、しまむらでヴィトンを売ろうとしているようなものだったのです。

トラやライオンのいない世界へ

どんなに頑張っても、うちの餃子が味の素や大阪王将に勝つ日は来ません。

考えられるすべての手をすでに大手メーカーが打っているという意味で、加工食品は成熟産業なのです。素人の入り込むすきがない。

農業はこれまで国に守られ、競争のない業界でした。羊しかいない世界です。そんな羊たちが、トラやライオンがうじゃうじゃいるサバンナに出ていって、真っ向勝負を挑もうとしている。6次産業化とは、そういうことだと思います。

トラと闘うにしても、せめて象1頭ぐらい味方にしておかないと無理です。だから、僕は餃子を自社で作ることを断念しました。大手食品会社や巨大スーパーと組んで、うちのネギを使った餃子を開発してもらう。もちろん、味の素や大阪王将と勝負になるぐらいの適正価格に抑えて、ネット販売ではなくスーパーの店頭に並べる。

これが実現すれば、月何十万円だった餃子ビジネスを、月何億円のビジネスに変えていける可能性がある。

トラやライオンが徘徊している世界では、自分は羊ちゃんにすぎない。成熟産業に乗り込んで勝てるわけがないのに、「俺は寅《トラ》だ!」と強がっていただけだ――。負けを素直に認められるまで、5年もかかりました。でも、気づいてよかった。負ける戦いを続けていてはいけない。

では、羊は、どこで勝負すればいいのでしょうか? 決まっています。いまいる世界から外に出ないことです。なにしろ、ここには羊しかいません。自分がライオンまでいかなくても、キツネぐらいに強くなれば、簡単に勝つことができる。

だから、僕は声を大にして、日本中の農家に言いたい。「そこへ飛び込むな!」と。もっとも偏差値の高い高校に無理して入って、万年ビリでいるより、がんばれば自分がトップになれる程度の高校に入ったほうがいい。努力して勝って、その高校で一番になる。その過程で自分が磨かれるし、生きがいも生まれてきますから。

自分たちの強みは何か? 作物を育てることです。それなら、その延長線上に突破口を見つければいい。そう考えて始めたのが苗ビジネスだったのです。これまでは大人のネギだけ売ってきましたが、これからは赤ちゃんのネギも売る。やっている仕事はまったく同じですから、羊たちの世界を出ないで済む。

2020年から販売を始めましたが、農業を始めて10年目にして、ようやく「ネギを出荷できない時期に、どう収入を確保するか」問題の答えを見つけたわけです。

ネギとタマネギだけバラ苗の不思議

ネギの苗作りは、毎年恒例の作業。工夫に工夫を重ねたので、誰にも負けない自信があります。しかし、それが新ビジネスに結びつくなんて、考えてもいませんでした。偶然に偶然が重なって、動き出したのです。

実は、うちの師匠は、昔から苗ビジネスをやっていました。ナスやトマト、キュウリなどの苗を育て、苗屋さんや種屋さんに卸していた。それを農家の人たちが買うのです。そんな師匠が口癖のように言っていました。

「今後はタマネギの苗もポットの時代になるぞ」

これには説明が必要ですね。ホームセンターに行くと、トマトの苗もナスの苗もピーマンの苗も、ビニール製のポットに入れて売られていると思います。実は40年前はポットに入れず、そのまま束にして売られていました。根っこがむき出しでは苗が弱るということで、徐々にポット入りに変わってきたのです。

ところが、不思議なことに、令和の時代になっても、ネギの苗とタマネギの苗だけはポットで売られていないのです。バラ苗とか束苗といって、そのままの苗をゴムで縛った状態で、店頭に並べられている。

その理由は何か？　何もありません。**「いままでそうしてきたから」という慣習だけ**。

パソコンや携帯電話のように毎日使うものは、ユーザーからの要求も多いので、どんどん進化していきます。でも、ネギやタマネギの苗は春と秋に売られるだけです。1年に2回のことだから、去年のこともすぐ忘れ、まったく進化しなかった。これも「農業界の七不思議」に数えていいと思います。

それで問題がないのなら、バラ苗でもいいでしょう。ところが、問題は山ほどある。根っこがむき出しで放置されるから、苗が弱る。お客さんが買って家庭菜園に植えても、ちゃんと育たないのです。ポット苗が生け簀《いす》に入った魚だとしたら、バラ苗は水から出して店頭に並べられた魚です。どちらが元気か、考えるまでもないでしょう。

それにバラ苗は根っこがからみ合っているので、１本ずつバラすときに、根っこを切ってしまうことも多い。過保護にすべき赤ちゃんを傷つけて、元気に育つわけがないのです。

売る側にとっても問題があった。ホームセンターの店頭で腐ったバラ苗をよく見かけますが、ロスがすごく多いのです。枯れたり、腐ったり、売れ残ったりで、かなりの量を廃棄しなきゃいけない。ダイユーエイトが全店で調査したところ、バラ苗の廃棄率はなんと約３割にも達していました。

つまり、お客さんの側にも、お店の側にも、ポット苗を求めるニーズはあった。にもかかわらず慣習が邪魔をして、バラ苗での販売が続いてきた。

畑に植えたら、必ず元気に育って、お客さんをガッカリさせない苗。店頭で腐らず、廃棄率を下げてホームセンターの利益を増やす苗。そんな苗を売ることができれば、ビジネスになると直感しました。

種苗会社に苗を認められる

２０１９年秋、タマネギのポット苗を作り、ダイユーエイトとサンデーに営業をかけて置いてもらいました。

正直言うと、タマネギは一度も育てた経験がないので、これがいい苗なのかどうか、自分でも判断できませんでした。でも、苗作りには自信があったので、まずは1回、試験的に出してみようと。もちろん苗を売ること自体、初めてでした。

これまでポットに入ったネギ苗やタマネギ苗がゼロだったかというと、少しは売られていました。でも、土代をケチって、ポットにギシギシに詰め込んでいないので、見るからに弱そうな苗ばかり。ポットの壁面が見えないほど土の詰まった苗なんて、日本中探してもうちだけですから。

ポットから抜いてみると、うちの苗の根っこはモサッとしている。バラ苗の弱々しい根っこととは明らかに違う。それなりの勝算はあったのです。

すると、さすがプロです。大手種苗会社・カネコ種苗の営業マンが、うちの苗を見つけてくれた。彼は全国のホームセンターを回って、いいポット苗を探していた。「これは日本一のタマネギ苗だ！」と思ったのが、僕の苗だったそうです。

種苗会社は、私の師匠みたいな農家から苗を仕入れ、ホームセンターに卸します。でも、ホームセンターから「もっと丈夫な苗をくれ」とプレッシャーがかかる。種苗会社にも「ネギやタマネギの苗だってポットで売るべきだ」との思いがあったわけです。

カネコ種苗とはその翌週、たまたま有機肥料の商談で会うことになっていました。例の「超有機」を売り込もうと考えていた。その席で「ひょっとして、この苗を作ったのは、あなたですか？」という話になったのです。

この営業マンは個人的に実験をして、バラ苗よりポット苗のほうがよく育つと知っていた。でも、なかなか慣習の壁は崩せなかった。意気投合してくれる仲間を求めていたのでしょう。「二人で時代を変えましょう！」と盛り上がった。

結局、春にネギの苗、秋にタマネギの苗を発売することに決まった。「極苗」という名前で、カネコ種苗が提供するポット苗の本命的存在としてパンフレットに掲載されています。

小分けにすれば値段は5～6倍

実は、師匠もタマネギはポット苗で卸していました。

プロの農家でも、3割ぐらいは自分で苗を育てず、農協や苗屋で買います。師匠はプロの農家をターゲットにしていたのです。

ポットがいくつもつながったものは、セルトレイと呼ばれます。タマネギの場合、セルトレイ1枚に200穴あるものが使われます。師匠はこれを1枚1600円で売っていた。

でも、僕はプロ農家でなく、一般消費者をメインターゲットにすえた。家庭菜園に植えるために、ホームセンターで苗を探す層です。彼らにとって農業はビジネスではなく、趣味です。だから、「いかに安いか」より、「いかに確実に育つか」のほうに関心を向ける。どんなに安かろうが、全滅してしまっては、趣味としてやる意味がゼロだからです。

ターゲットが違うと、当然優先する順番、売り方もかえていく必要があります。

農家は大量生産しますから、セルトレイを1枚単位で買いますが、一般消費者はそんなに必要ありません。畑に1列植えるだけなら、10穴ぶんで十分です。そこで、セルトレイを20等分して、10穴で売ることを考えました。

ホームセンターによって売価は違うのですが、いま僕の苗は10穴で398円か、498円で売られています。もちろん、セルトレイ1枚買いに比べたら割高なのです。でも、500円以内で買えるなら、趣味でやる人は高いと感じない。

ホームセンター販売用のポット苗

３９８円×20列＝７９６０円。４９８円×20列＝９９６０円。セルトレイ１枚に換算すると、師匠の5〜6倍になっている。

師匠はプロ農家を相手にしてきたので、そもそも小分けにする発想がなかった。でも、小分けにしたほうが利益は増えるのです。ネギを「３本セットでなく２本セットで売る」のと同じく、数字のマジックです。

苗の場合、作り手の意識と、一般消費者のニーズにズレがあった。そうした市場のズレを見つけることが、ビジネスの肝だと思っています。

もちろん、割高なものを買ってもらうためには、消費者を納得させる必要があります。「バラ苗のときは半分ぐらい枯れたけど、ポット苗にかえてからは、ほぼ全部育っている」とか、結果が見えないといけない。この点は自信があります。

ちなみに、バラ苗は30本、40本、50本のものが売られています。うちのネギ苗は1穴に4本ずつ植わっていますから、10穴で40本。バラ苗と同じぐらいの本数ですが、ほぼ確実に育つので、核家族だと食べきれないぐらいだと思います。

バラ苗の場合、1本1本にバラして、40回も植える作業が必要ですが、ポット苗だと10回で済む。こうしたことだって、一般消費者にとっては魅力に映るはずなのです。

消化率95%の奇跡

2020年春に全国のホームセンターで、ネギ苗の販売をやりました。畑で育てるネギ用の苗箱3000枚に加え、店売り用の1400枚をよけいに作った。

会社の命運がかかっているだけに、プレッシャーはすごかった。真夜中にビニールをかけたりすることもあって、苗作り名人でもある専務の前髪が真っ白になりました。

でも、売れ行きは想定以上でした。僕としては、「いまの廃棄率が3割なら、それが2割に下がれば、ホームセンターは喜ぶな」くらいに考えていた。8割ぐらい売れれば御の字と考えていたのです。でも、それ以上に売れました。

山新ではなんと95％の消化率。ダイユーエイトでも92％でした。完売といっていい数字です。全店舗に置いてくれたところや、数店舗でのテスト販売など、いろいろあったのですが、どこでも8～9割は売れている。僕のビッグマウスに辟易《へきえき》していたバイヤーもいたと思うのですが、信用してくれるようになった。

２０２０年春といえば、新型コロナウイルスの影響で自粛していた時期です。ホームセンターがチラシをまくこともなかったのに、この消化率ですから、チラシをまくようになれば、もっと話題になるはずです。

それまではネギを売るのが仕事であって、ホームセンターとの付き合いはまったくありませんでした。せっかく付き合いが生まれるのだから、苗と有機肥料の両方を売りたい。ところが、苗と肥料では担当者が別ですし、１キロ・５キロ肥料の担当者と、15キロ・20キロ肥料の担当者が別だったりする。40社との契約を目標にしていましたから、３人×40社＝１２０人とアポをとる必要がある。これがすごく大変でした。

それでも、どこの問屋と付き合いが深いか、どんな契約条件を優先するかといったことを調べまくり、30社以上との契約にこぎつけました。ホームセンター業界は大手10社で市場の売上の7割を占めていますが、そのうち9社が買ってくれた。

秋にはタマネギ苗を出荷するので、注文をとっているところですが、２５００枚程度になると予想しています。

東北の農業にもアドバンテージがあるという話をしましたが、これは苗作りについてもいえます。タマネギは秋に苗を植え、畑で冬を越して、翌春に収穫する作物です。となると、夏から秋にかけて、苗を作るしかない。

関東でタマネギの苗を育てる場合、秋といってもまだ暑いので、すぐ大きくなってしまいます。ヒョロヒョロとした、細い苗なのです。一方、東北では秋になると、急激に気温が下がっていく。苗をじっくり育てられるので、太くて短い苗になる。畑で冬を越すわけですから、丈夫な苗かどうかが、結果にはっきり出てきます。

冬に育てるネギ苗と違い、秋に育てるタマネギ苗には、「いかに育ちすぎるのを防ぐか」がより重要になる。その点、東北は有利なのです。だから、ネギ農家がこう言うのは変なのですが、ネギ苗よりタマネギ苗のほうで、うちは有名になるだろうと予想しています。

ネギの世界のダイソンになる

２０２１年は春にネギ苗1万枚、秋にタマネギ苗1万枚を目標にしています。

そのためには苗作りのためのハウスも新築する必要があります。70メートルのハウスを

10棟建てるために、本社横の1500坪の土地を買いました。種まきや出荷準備の作業場も必要になるので、新しい建物も建てた。

段ボール箱ひとつとっても、上から苗を詰めていくと、最後の1個が入れにくい。なので、横から入れるタイプのものに替えたりした。

苗ビジネスのために1億円は投資しています。うちみたいな小さい会社にとっては、すさまじい規模の投資です。でも、僕のポット苗を見つけて意気投合してくれた種苗会社に対しても本気でこのビジネスを成功させようという意気込みを見せたかったのです。この新ビジネスに命をかけていると見せたかった。

春1万枚・秋1万枚だと、苗の売上は6000万〜7000万円になります。ネギの売上は2019年で1・8億円ありましたから、合計で年商2・5億円ぐらいにはなる。

僕の夢のひとつは年商10億円の会社にすることです。10億円を超えている農業法人は非常に珍しいので、そこでようやく社会から認められる。だから今後は苗、有機肥料、微生物資材といった、ネギの生産・販売以外のビジネスをいかに拡大していくかがカギになる。

ダイソンみたいな会社にしたいのです。掃除機といったらダイソンです。総合家電メーカーみたいにあらゆる家電を作っているわけではないのに、特定の分野では圧倒的に強い。さらに革新的にどんどん新しいことにチャレンジしている。

同じように、ネギと聞いたら、誰もが「それなら、ねぎびとカンパニーだよねえ」と連想する会社になりたい。ネギはもちろん、苗でも肥料でも微生物資材でも管理機でも、「まずはねぎびとカンパニーに当たってみようか」という存在に。栽培方法に悩んでいたら、「まずはねぎびとカンパニーで教えてもらおう」という存在に。

そんなわけで、ネギ栽培に加え、冬と秋に苗ビジネスの仕事が加わりました。以前は1月の出荷が終わったら、2月に東京へ出て、スーパーに営業をかけたりしていましたが、そんな余裕はなくなった。

ネギ以外の野菜作りから、加工食品、そして苗ビジネスへ。失敗ばかり続けてきましたが、雪に閉ざされる東北農家の、ひとつのビジネスモデルになればいいと思っています。

第5章　部活のような会社にしたい

●「楽しく働くこと」が生産性の向上にはいちばん
●明確な数字で見せる
●小さなこともおろそかにしない
●人それぞれの得手不得手を見極める

楽しいと仕事が進む

最後の章では収穫と出荷について説明しますが、それにからめて、僕がどういう組織を作りたいか、どんな会社にしたいか、も語りたい。

ここまで見てきた農作業と比べると、比較的、単調な作業が続きます。それをいかに楽しく、ノリノリで従業員にやらせるか。チームプレーに強い僕の力がもっとも発揮される分野かもしれません。

楽しく働くことほど、生産性を上げる方法はないと思います。僕が農薬を嫌うのは、炎天下で従業員に過酷な作業をさせたくないからです。同じ重労働でも雑草取りは「きれいになったなあ」と達成感がありますが、農薬をまく作業にはそれがない。

雑草取りだって、可能なかぎり楽しくやりたい。スギナは手で取るしかないのですが、「むしったときのプチッという音は、ドレミファのどれかな?」と、音楽家に調べてもらったことがあります（答えは「ラ#、シ」でした）。どんなに過酷な作業でも、遊び心をもって楽しみたいのです。

うちは2Lサイズの出荷が7割ですが、Lより利益が増えるという理由だけでなく、従業員の精神衛生上も、そっちのほうがいい。

作業所でのミーティング

畑でネギを収穫したあと、コンテナに詰めて、作業場へ運びます。作業場で皮をむいて、長さをそろえ、段ボール箱に入れて出荷するのです。同じコンテナでも、Ｌサイズなら１５０本ぐらい、２Ｌサイズなら１００本ぐらい入ります。

Ｌサイズは数が多いので、皮をむいてもむいても、なかなかコンテナが空にならない。一方、２Ｌサイズだと、**どんどんコンテナが空くから、気持ちがいい**のです。作業自体が楽しくなってきて、「よし、次いこうか！」という気分になる。

むいたネギを段ボール箱に詰めて出荷するのだって、Ｌサイズだと1ケースに46本も詰めなきゃいけない。２Ｌサイズなら通常30本で済む。どんどん段ボール箱が積み上がって、気持ちがいいわけです。楽しいと、作業も速くなっていく。

うちは出荷量が半端なく多いから、こういう感覚がバカにならないのです。

4年目の2014年にねぎびとカンパニーを株式会社にして、新しいオフィスを作るまでは、小さなハウスを借りて、むき作業や出荷作業をやっていました。足もとは土のままなので、雨が降ったらドロドロになる。水道もないし、トイレもない。狭いから隣の人とぶつかる。みんなイライラするので喧嘩が多く、怒号が飛び交っていました。

新しい作業場を作ってスペースに余裕をもたせてからは、そうした喧嘩もなくなった。当然、作業もスピードアップします。**いかに気持ちよく働いてもらうか、いかにストレスを減らすかが、生産性向上のカギ**なのです。

畑は小さいほうがいい理由

うちの畑はピーク時で100ヵ所、減らした現在でも65ヵ所に点在しています。「なるべく大きな畑を借りるようにして、点在させないほうが効率いいんじゃないの?」と思った読者もおられると思います。その通りです。数多くの畑を見回る手間は減るし、機械を入れるときにも効率がいい。

にもかかわらず小さな畑しか借りないのは、理由がある。ひとつは、万が一、病気が出たとき、その1枚が小さければ、被害を限定できる。

そしてもうひとつが、働き手の気持ちの問題。こっちの理由も大きい。大きな畑で「ネギを抜いても抜いても終わらない」となったら、人間のやる気は低下します。でも、「あとこれだけやればいいんだ」となれば、多少の無理もきくようになる。

面白いもので、苗の定植にせよ、雑草取りにせよ、ネギ掘りにせよ、**大きな畑で作業するより、小さな畑で作業するほうが、時間当たりの作業量は増えます。そのつど達成感が得られるほうが、やる気が出るのです。**

だからといって、**仕事が楽すぎてもダメです。そこそこ負担が大きいほうが、人間はやりがいを感じる。**そこそこ忙しいけれども、ゴールは見えている——。これこそ楽しく働くための、重要な条件です。

ここで面白いのは、畑が小さければ小さいほどいいかというと、そうではないこと。事前にこれだけできると予想したのに、なぜか達成できないので、「なんでだろ？」と、畑の大きさごとに収穫量を比べたことがあります。

4反歩以上の大きさになると、反収は減っていました。これは、いま説明したやる気の問題です。

その一方で、1反歩未満の畑でも反収は減っていた。これは何かというと、無駄が出るからです。畝と畝との間は90センチ空けますが、端っこが80センチしか空いていなくて、ギリギリ1列植えられないなんてことが起きます。同じ面積を、大きな畑1枚でやる場合と、小さな畑10枚でやる場合では、そうした無駄が出る可能性が10倍になる。

トラクターや管理機を動かすにしても、小さな畑は何度も何度もUターンする必要があり、作業スピードが落ちてしまう。

このデータをもとに、4反歩以上の畑と、1反歩未満の畑を減らしているところです。1反歩以上4反歩未満がもっとも効率よく働けるというのがいまの結論です。

端っこ2メートル問題

ただし、同じ面積でもできれば細長い畑で、1列を長くとれるほうがいい。管理機をUターンさせるのは時間がかかるし、端っこにくる手前で減速するからロスが出る。それに端っこまでいったら、休憩したくなるのが人間というもの。短い列がたくさん並んでいると、「ちょっと休もうか」の回数が増えてしまうわけです。

そうした心理的理由に加え、「端っこ2メートル問題」というのがあります。畑の手前2メートルと、奥からの2メートルは、なぜかネギが枯れたり、短くしか育たなかったりする。雑草も妙にそこだけ多い。

6年目にしてこの事実に気づいたときは大興奮しました。要は、**手前と奥だけ仕事が雑になる**のです。

理由はいくつもあります。たとえば、ひっぱりくん®で苗を定植するとき、土を掘る爪は中央部についていますから、端っこからきれいに植えられないし、スタート地点の掘りも浅くなる。活着しにくいぶん、ネギが枯れやすい。

管理機も一緒です。端っこギリギリに機械は入れにくいし、そこでUターンしたりするので、上手に土を落とせない。当然ながら、雑草が生えやすくなる。

だから、ひっぱりくん®を使うときは、「畑の外からスタートするように」と指導しています。管理機にしても「手前と奥を丁寧に」と指導する。うまく土寄せできていないときは、手前と奥だけ手作業でやり直す。作業を終える前に必ず両端の2メートルをチェックさせる。

たかが2メートルがバカにならないのです。10町歩でアバウトに計算すると、だいたい2000列ある。手前と奥で合計4メートルが2000列ぶん。作付面積に直すと8反歩に相当します。農業を始めるとき「1反歩から始めろ」と言われましたが、その8倍もの畑を捨てているのと同じです。

畑を見ていると面白くて、手前から10メートルと奥から10メートルまではネギが太く、中心部は細い。中心部のほうが競争は激しいからです。中心部は密集しているので、みんな光を求めて縦に伸びます。風にも当たりにくいので揺られず、太りにくい。葉っぱの生え方だって、手前と奥では横に広がっているのに対し、中央では縦に伸びている。ちゃんと植えさえすれば、畑の端っこは、太いネギを作るのに最適な場所なのです。にもかかわらず、ちょっとした不注意でそれを無駄にしている。こんな無駄は許せません。細長い畑を借りて1列を長くすれば、端っこがそれだけ減ることになる。2メートル問題も自然と減っていく。もちろん人間のほうでも気をつけるのですが、仕組みとして2メートル問題を減らすのは、社長の仕事だと思っています。

農家の人たちは意外とアバウトで、こんな細かいことを気にしないのです。うちでは絶対におざなりにしません。そこを気にするだけで、売上が何割も変わってくるからです。

作業を時速で考える

自分を働かせるときはモーレツです。とにかく結果が出るまで、24時間でも働く。僕は昔から「そもそも練習量が違うんだ」と主張したいとき、こんな数字を出します。

一般的な社会人が一日8時間、年間２４０日、40年間働くとすると、生涯労働時間は７・６８万時間。でも、僕は一日18時間、しかも３６５日働く。40年間なら生涯労働時間は26・28万時間です。その差が18・6万時間。8時間労働で換算すれば、97年間に相当する時間です。体を壊そうが、それぐらいの勢いでやっている。

でも、他人に同じことは強要できません。だから、**人を働かせるときは、その人の心理を読むようにしている**。

たとえば雑草を手取りするとき、「ネギの周囲25センチぶんの草だけ抜いてね」と頼むと、みんなまず間違いなく、その範囲に含まれていない通路部分の雑草も抜く。この事実に気づいたのは、つい3〜4年前です。

雑草が生えていると、たとえ指示された場所でなくとも抜きたくなるのが人間なのです。その気配りはありがたいのですが、そのぶん作業ペースがひどく落ちる。時間内に担当区域を終わらせられないことも出てきます。

だから最近では、通路部分の雑草を管理機で退治したうえで「ネギの周囲25センチぶんの草だけ抜いてね」と頼むようにしています。

こうしておくだけで、雑草を抜くスピードは倍ぐらいになる。「この部分だけ取ればいいんだ」と思うと、気分が楽になるからです。ゴールが見えるので気持ちよく作業ができ、その結果、スピードも上がる。

僕は**作業をすべて時速で考えています**。雑草だらけの畑だと、手抜きで1時間に10メートルしか進めません。雑草がほとんどなければ、管理機で1時間900メートル進める。一日8時間働くとして、7・1キロもの差が出てくる。

どんどん進めれば気持ちがいいし、「これだけの面積をやったんだ！」と達成感があると、さらに仕事が速くなる。雑草がなるべく生えない環境にすることも、作業効率を上げることに貢献しているのです。

毎日2時間は見回りをする

どれだけたくさん畑があっても、僕自身が毎日見回っています。エリアごとにA～Fの6つに分け、日替わりで見ていく感じです。

ただ、スギナのすさまじい畑もある。特にスギナが多い畑を「ルート25」と名づけ、頻繁に見回っています。普通は除草剤を100倍に薄めてまくとしたら、ここだけは25倍でまかないと退治できない。それで、この名前になりました。

毎日ネギのことばかり考えて10年目ですから、畑がいまどういう状況になっているかは、だいたい読めます。「あの畑は10日前に管理機を入れたから、いまはこうなっているだろうな」と。その畑のどの場所に、どんな種類の雑草が生えているかも予想できる。

ただ、耕作放棄地だけはまったく予想不可能なのです。いつ、どんな雑草が生えてくるのか、想像もつかない。2～3年もすれば土が改善されて生えなくなるのですが、初年度はすさまじい。だから頻繁に回らざるをえないわけです。

巡回中は畑の状況をLINEに書き込み、スタッフに「超緊急」「緊急」「緊急2」といった形で伝える。超緊急は今日明日中に対応しないとまずい畑。緊急は2～3日以内にやればいい畑。緊急2は3～4日は待てる畑、といった感じです。

畑で作業をする人は管理機班、草取り班（雑草を手取りする）、防虫班（防虫ついでに追肥もやる）に分かれています。彼らが僕の指示を表にまとめ、その日の作業を決めていくわけです。毎日、最新の状況がアップデートされる。

畑を見回るといっても、中には入りません。できるかぎり土を踏みたくない。理由はこれまでさんざん説明してきた通りです。畑の外からパッと見るだけで、「そろそろ病気が出そうだな」なんてことはわかる。

僕にはもともとそういう能力があるようで、机の上をパッと見ただけで「あ、誰か、書類を何センチ動かしたな」とか、人の顔をパッと見ただけで「今日は体調悪いな」みたいなことがわかる。たぶん5日前のネギ畑の状態と、今日のネギ畑の状態を、画像として見比べているのだと思います。

まあ、そんな特殊能力がなくても、2～3年も訓練すれば畑の状況はわかるようになると思います。病気が出たあとなら、誰にでもわかる。「そろそろ病気が出そうだな」と事前に読むことが大切で、そのためには多少の訓練は必要なのです。ウイルスの潜伏期間中にインフルエンザを見抜くみたいな話ですから。

だから、いま見回りをするときは、必ず従業員を1～3人連れていく。そこで何かを教えることはしません。一緒に見て、「どう思う?」なんて聞く。意識的にできることは、すぐ忘れる。**無意識にできることこそ実力**だと考えているので、自分自身で何かを発見して、それを無意識にできるようになってほしいのです。

ただ、効率が悪いといえば悪い。僕は朝夕2回、合計2時間～2時間半を巡回に当てていますが、月間60～75時間にもなる。もしこれを社員がやれば、時給1000円なら月6万～7万5000円もの経費になってしまう。

将来的には各畑にカメラを置いて、オフィスで様子を観察できるようにしたい。大勢で画面をながめながら、「この畑はどうだ」「この雑草は何日以内に取ったほうがいい」とか議論できるようになればベストです。

植えた順には育たない

4月に畑へ定植した苗は、早いもので7月下旬には収穫します。

大半は年内、遅いもので翌年1月に出荷しますが、7月からの半年間、毎日、ネギを掘っては出荷し、という作業が続く。畑に植わったネギの面倒を見る一方で、こうした作業も加わるわけです。

２０１９年は年間４・７万ケースを出荷しました。毎日３００～４００ケースの段ボール箱を出している感じでしょうか。うちでは２Ｌなら1ケースに40本入るので、毎日1万本以上のネギを収穫しているイメージです。

真の葱やモナリザといった贈答用ネギは、毎年11月末の出荷と決まっています。山形県では10月末から気温が急降下する。ネギがそれ以上大きくなることはありませんが、その寒いシーズンに味が乗るのです。味のバランスとしては、もっともおいしい時期が11月末ぐらいだと思います。

これらは全売上の1％にもならない高級ネギだけに、中途半端なものを出して「おいしくない」と言われたのでは本末転倒です。「評判以上においしいね」と言っていただくために、これだけはベストの時期に出したいわけです。

一方、贈答用でない普及版のネギは、育ったものから出していきます。畑を巡回するとき、雑草や病気をチェックする一方で、そろそろ出荷できそうかも見る。２Ｌぐらいの太さになっていれば、もう収穫できます。

ここで面白いのは、必ずしも植えた順番に出ていくわけでもないこと。4月1日に植えたネギと4月20日に植えたネギ、どちらが早く育つかと聞かれたら、「畑がいいほう」としか答えようがない。20日間の差なんて、環境によっては簡単に取り戻せてしまうのが、植物の面白いところです。

なぜ手掘りなのか？

うちではネギの収穫作業のことを「ネギ掘り」と呼んでいます。そう。人の手で一本一本掘っているのです。

ネギの収穫を自動でやる機械も使っています。でも、機械は壊れる。機械が壊れたら、出荷できなくなる。人間であれば、たとえば20人の人員を確保しておいたとして、その全員が風邪で来られない、という事態にはならない。

僕は汗をかかない病気ですから、炎天下で作業はできないし、従業員にもそんなことはさせたくない。だから、夏場は朝5時から8時までの3時間で掘ってしまいます。ネギ自体は炎天下で根っこをむき出しにされても平気なのですが、人間の事情で早朝にやる。

冬場は夜の間に土が凍り、カチンカチンになってしまいます。夜が明けると、今度は氷が溶けて、土がドロドロになる。乾くのを待つ必要があるので、作業開始は少し遅くなり、7〜8時ぐらいからになります。場合によっては9時スタートになる。**ネギ掘りを見ていると、人間心理がいかに生産性と関係しているか実感します**。夏場の時間当たり収穫量は、冬場の倍ぐらいあるのです。土は乾燥している。ネギは生き生きしていて、見ているだけで気持ちがいいし、抜きやすい。泥だらけになる冬場より楽しく作業していることが、数字から見てとれる。

だから、同じ本数を同じ時間で掘るのでも、夏場は冬場の半分ぐらいの人数でできてしまいます。それを前提にシフトを組む。

無駄のないフォームを身につける

ネギを育てることと比べたら、ネギを掘るのは簡単な作業です。2ヵ月もやったらマスターできると思います。

うちで推奨しているのは「1本掘り」。白根の部分をつかんで、ねじりながら横方向へ抜いていく。1ヵ所に4本植わっているので、根っこはからみ合っています。1本掘りでやれば、根っこをきれいに切れる。

強制しているわけではないので、なかには4本まとめて抜く人もいます。抜いたあとで1本ずつに割り、ポンポンとぶつけて土を落とす。そんな方式でも、手慣れた人がやるとリズムが小気味よく、見惚れてしまいます。

要は、1本掘りであれ、4本掘りであれ、その人が効率よく作業できればそれでいい。ポイントはむしろ「いかに楽なフォームで仕事をするか」にあります。

重力との闘いなので、すぐ腰が痛くなる。3時間続けるには、負担にならない体の使い方をマスターする必要があります。やっぱりスポーツをやっていた人は、体の使い方がうまい。ネギをつかむときも体幹を使って、腰に負担がかからないようにしています。

ベテランのフォームにはいっさい無駄がない。リズムも乱れない。体力のない人でも、ネギ掘りが速い人はいます。気になる掘り方を見つけると、「昼飯おごるから、動画を撮らせて！」とお願いして、僕も勉強しています。

では、そうした才能のない人に、どうマスターさせるのか？「今日は1時間に○○本掘ろうね」とノルマを設定してやるだけでいい。ノルマを達成しようと必死になるうち、自然と無駄のないフォームが身についていきます。

掘ったネギはコンテナに入れていきますが、1コンテナに約100本入る。1時間に20〜25コンテナできれば一人前です。1時間に2000〜2500本ということ。1時間に5コンテナしかできない新人だったら、「じゃあ、今日は10コンテナいってみようか」とノルマを乗せていくわけです。

やはり**目標設定は大切**です。家族経営の農家では、「無理せず掘ろう」が基本になる。家族のなかで競争しても意味がないのだから、当然です。一方、農業法人の場合は、同僚がライバルになることで、いい競争が生まれる。「あいつより1本でも多く掘ってやろう」という気分になれば、技術力も上がる。

今日は**誰が何本掘ったかという表を貼り出したことで、全体のネギ掘りスピードは劇的に向上しました。**２０１７年に天童市で「世界葱掘王決定戦」を開催したのですが、全国から集まったネギ農家や体力自慢を向こうに回し、うちは圧倒的な速さで優勝した。

目の前の仕事に本気で取り組む

掘ったネギは、コンテナに縦に刺していきます。１００本入ったところで、「葉切り」という作業をやる。チェーンソーで葉っぱの先端だけ切り落とすのです。

作業所に持ち帰ったあと、もう一度切って、出荷サイズに合わせます。それでも先端だけは畑で落としておくのは、水分を少し飛ばしたいからです。水分を飛ばせば味が濃くなるし、重量が減るぶん運ぶのも楽になる。

コンテナを並べ、チェーンソーを回しながら、その横を歩いていく。畑に落ちた葉っぱは、放っておけば枯れますから、枯れてからすき込めば、畑の栄養になります（作業場でネギむきをやったあとに出る皮や葉っぱは、葉切りで出る葉っぱより量が多いので、砕いてから畑に戻すようにしています）。

ネギ掘りが下手な人に葉切りの作業を任せたら、ものすごく雑にやるので、怒鳴りつけたことがありました。

「どうせもう1回切るんだから、ここではテキトーでいいでしょ」

「そういう問題じゃない！　こっちの端から向こうの端まで、先端がピシーッとそろうように切れ！」

この人の言うことは間違ってはいないのです。最終的な長さの調整は、ネギむき作業のときにやる。でも、任された仕事をおざなりにすることだけは許せない。とにかく**目の前の仕事に集中することが、仕事を変え、自分を変える**と考えているからです。

本気になった者だけに見える風景があります。僕はいまネギむきをするとき、ネギがゆっくり流れてくるように見える。いわゆるゾーンに入っている。卓球をやっていたときは、飛んでくる球がゆっくり見えたし、趣味でボクシングをやっていたときも、相手のパンチがゆっくりに見えた。本気で打ち込めば、普通の人とは違う体験ができる。

褒められたらうれしい。叱られたら悲しい。そう感じない仕事に、いったい何の価値があるのでしょうか？　本気にならなければ、スキルもまったく上達していかない。それは単なる作業です。そういう意味では、「**従業員を本気にさせる**」**ことこそ、社長の仕事**ではないかと思うのです。

農作業を「競技」にしたい

競争をもちこめば生産性が上がると気づいたのは、実はネギ掘りより、次に説明するネギむきが先です。

今日は誰が何コンテナむいたという表を、毎日貼り出すことにしたのです。たったそれだけのことで、かつては午後３〜４時までかかっていた作業が、午前中のうちに終わるようになった。

機械で空気を吹きつけて皮をむくのですが、自分がプシューップシューッと音をたてているときに、隣からプスップスッと聞こえてくると、やっぱり焦る。「負けたくない」と思ってしまうのが人間なのです。

僕は「1時間に10コンテナを目標にしましょう」と言うだけ。あとは「あの人は８コンテナもむいた。すごい」「あの人、今日は11いったらしい。どうやったら、そんなこと可能になるの？」と、それぞれに工夫を始めるようになる。統計を取り始めてからの２年でも、平均処理数は２〜３割上がっていると思います。

これだけ聞くと、競争心をあおって強制的に働かせているように感じるかもしれませんが、本人たちは面白がっています。工夫して結果が出れば、楽しくなるのが人間なのです。目の前の作業にどんどんハマっていく。いまでは皮むき班の人たち自身が「会社平均で1時間11コンテナが目標よ！」なんて張り切っている。

農作業のひとつひとつを「競技」にしていくべきだ——。それが僕の持論です。

水泳でも野球でも、競技と呼ばれるものは、みんな技術レベルが高い。どうなれば勝ちかが明確なので、勝ちを目指して切磋琢磨する。技術を磨く過程でワクワクできる。これと同じことが農業にできているとは思えないのです。

ネギ掘りやネギむきが劇的に速くなったのは、明確な目標を設定したからだと思います。目標を意識したとたん、ひとつひとつの動きを突き詰めるようになり、技術力が劇的に上がった。本気になるから、仕事が楽しくなり、ワクワクしながら働くようになったのでしょう。

「べつに負けたからって何なの？」「葉切りの先端なんてどうでもいいじゃん」と思っていると、競技は成立しません。でも、その本人にとって、それが楽しい仕事といえるでしょうか？　一番に意味はないと考えていたとしても、競技だと割り切って夢中になるほうが、人生は豊かになるはずです。

一番はたくさんあっていいのです。ネギ掘りが苦手な人は、コンテナ運びで一番になればいい。ネギむきが苦手な人は、梱包で一番になればいい。僕が管理機で土寄せする光景を動画に撮り、共有するようにしていますが、いずれそこでも「土寄せナンバーワン」を競うようになってほしい。

泳げない人は水泳でなく陸上をやればいい。自分に向いた競技を探せばいいし、それぞれ練習や筋トレのやり方はさまざまでいい。農業も作業ごとに細分化すれば、同じことができる。そうやって切磋琢磨している会社が、技術力でよそに負けると思えません。

サポート係で4割の生産性向上

夏場の皮むき作業も朝6時スタートです。6時ぐらいになったら、その日に掘ったネギが次々と作業場に運び込まれてくる。

一般的なネギ農家は、下のほうの葉っぱを枯れさせるので、5〜6枚しか残っていません。うちは全部残っていて9〜10枚ある。3〜4枚残して出荷するのは一緒ですから、3〜4枚ぶん多めに皮をむいているわけです。

たくさんむくのに2Lの太さが残っているのは、そもそもが太いからです。葉っぱが多いぶん光合成量が多い。

ネギむきには、ベストロボという機械を使います。ごく一般的な機械で、根っこと葉っぱを切って、希望の長さにしてくれ、なおかつ皮もむいてくれる。

ベストロボにネギを突っ込んで手前に引くと、エアーで皮が吹き飛ばされます。たくさんむきたいときは、奥まで突っ込む。少しだけむきたいときは手前までしか入れない。そうすることで、何枚むくかを調整します。

うちは地元向けにはLとMを出しています。「これはL。これは2L」といった選別は、むき手がやります。ただ、全体に市販品より太いため、目の錯覚が起きやすい。市販品の2Lぐらいだったら、Lに入れてしまうのです。そこで、作業前には必ずミーティングをやって、「今日は全体に太めですから、間違えないように」と伝える。

一般的なネギ農家では、ベストロボのベルトにネギを載せる係、ネギをむく係と、むいたネギを梱包する係がいます。うちの場合、ベストロボが3台あるので、ネギを載せる係とむく係が3ペアとネギを梱包する係が7〜8人、さらに僕は、むく係と梱包係の間にサポート係をひとり置きました。

普通はむき係の人が、むき終わったネギを梱包係まで運びます。でも、その間、むく作業がストップしてしまう。それでは効率が悪いので、むき作業だけに集中できるよう、サポート係を作ったのです。

　このサポート係は、少し離れたところから、３台あるベストロボを観察します。「ここのネギがもうすぐなくなる」と思ったら、ネギが入ったコンテナをベストロボの上に載せる係に渡す。「むき終わって、コンテナがいっぱいになったな」と思ったら、そのコンテナを梱包係のところまで運ぶ。むいた皮のゴミを集めるのもサポート係の仕事です。

　それまで1台のベストロボでこなせる数は、1時間に7コンテナでした。**サポート係を置くことで、これが10コンテナに上がった。なんと4割の生産性向上です**。ベストロボは３台あるから、1時間で９コンテナ、６時間で54コンテナも増えた。一人ぶんの人件費が増えたとしても、十分、元は取れます。

　単にネギをむくだけの仕事であっても、これだけ改善の余地があるから面白い。頭を使えば、さらに良い方法は見つかるのです。

　面白いのは、ネギをむく作業は呼吸の問題ですから、むき係と載せる係には相性がある。野球のバッテリーと同じで、ペアは自然と決まっていく。むき係がピッチャー、載せる係がキャッチャーでしょうか、絶対にダメな組み合わせもあるのです。

　だから、二人セットでシフトを組んでいきます。出荷が多い日は1軍のバッテリーを出し、少なめの日は2軍のバッテリーで対応する、なんてふうに調整する。

5本つかむか、6本つかむか

むき終わったネギは段ボール箱に入れて出荷しますが、そのまま入れるものと、ビニール袋に詰めてから入れるものがあります。

就農した当初は、どこでも見かけるネギと同じように、むき出しのネギの上下をビニールテープで巻いて出荷していました。でも、それでは高級感に欠けるため、2本198円から先へなかなか進めなかった。そこで、2本298円を実現するために、商品説明を印刷したものをビニール袋に入れることにしたわけです。

ビニール詰めの作業については、不思議なことに個人差がものすごく出る。器用・不器用がより表れる仕事なのかもしれません。

統計をとってみると、だいたい1時間に段ボール8箱ぶんぐらいの作業量です。一方、自動でビニール詰めする機械なら、1時間に段ボール40箱ぶんを処理できるといいます。300万円もしましたが、思い切って買いました。それまでビニール詰めの作業をしていた人員は、苗の生産など他の仕事に回せばいいので。

一方、段ボール箱にそのままバラ詰めするタイプの梱包ですが、これについても一家言あります。名づけて「5本・6本理論」。

２Ｌサイズは、段ボール箱に30本入ります。このとき絶対に両手で６本つかんで、全５回で入れなければいけない。そういう理論です。

一日に２００ケースのバラ詰めをやるとすると、本数は６０００本です。６本つかめば１０００回で済むのに、５本だと１２００回も作業することになる。２００回もの差が出る。６本つかみで２００ケース詰めたとき、５本つかみのほうは１６６ケースしか詰め終わっていない。一般的な農家の１日ぶんの差が出るわけです。

５本つかみだと、２時間よけいに時間がかかるとして、その人件費が２０００円とすると、１年間で60万円、30年で１８００万円もの差が出てくる。「そんなのどっちでもいいじゃん」という話ではないのです。勝手に５本×６回にするやつがいたら、大目玉を食らうことになります。

女性であっても、片手に３本ずつつかむのは難しくありません。見なくてもできる。男性なら片手に４本ずつつかむことも可能です。だから、８本×５回にして40本入りの段ボール箱で出荷する場合もあります。１ケース30本にこだわって８本×３回＋６本とすると、最後の６本でミスが出かねないので、１ケース40本パターンを作った。

ちなみに、男性でも片手に５本ずつはつかめません。だから、10本×３回＝30本入りのパターンはないわけです。

なぜ40本入りにしたのか？

1ケース40本入りの段ボール箱にしたのは、他にも理由があります。背景にあるのは配送費の高騰です。

段ボール箱に詰めたネギは、いまは午後1時に運送会社がうちまで取りにきてくれます。でも、余裕で1時に間に合うようになったのは、ネギ掘りもネギむきも劇的に速くなった、ここ2〜3年のことです。

それまでは必死で夕方便を探したり、運送会社の集配所まで自分でもっていったりしていました。その部分でも無駄があった。

ネギの小売価格はなかなか変えられないので、送料を抑える工夫はずっとやってきました。年間200万本も出荷するわけですから、1本当たり1円違うだけで200万円も変わってくる。

実際、この効果は出ていて、始めた頃より2割ほど送料は上がっていますが、無駄を省いたことで、同じコストですんでいます。

ただ、悩みは深い。山形県の物流は東京方面に強いのに、それ以外が弱い。名古屋便なんか1年のうちに2回も送料を値上げされたことがあります。名古屋のスーパーに卸しているものなど、ほとんど利益が出ません。

とはいえ、調べると、ここにも工夫の余地はあったのです。1箱30本入りの段ボール箱の送料に比べて、1箱60本入りの段ボール箱の送料は、10%以上も安い。

だから、60本入りの段ボール箱で出荷するように変えてみたのです。ところが、60本ぶんの重みがかかるため、ネギが途中で潰れてしまった。まあ、この問題は、30本詰めたところで1枚、厚紙をはさむだけで解決するのですが、スーパーによっては「1店舗に60本は多すぎる」という反応も多かった。

そこで60本入りはあきらめ、2019年から40本入りを作ったわけです。これで送料は6%減となりました。

いまは30本入りが3割、40本入りが7割という感じになっています。

一日400ケース出荷する理由

すべてを数字で考える――。これは前の会社で身についた習慣で、農業を始めてからも、いろいろな統計をとってきました。ただ、だんだん見る数字が変わってきた気がします。

昔は作業効率の数字ばっかり追っていました。従業員たちがちょっと意識を変えるだけで、生産性は上がります。まさに表にして発表するだけで、ネギ掘りやネギむきのスピードが劇的にアップしたように。手前と奥の2メートルを丁寧に作業するだけで、収量が劇的に変わってくるように。

いまは、むしろ仕組み作りのほうに関心があります。**従業員の意識まで変えなくても、仕組みを変えるだけで利益率を上げられる場合もある。**自分が取り組むべきは、そこなんじゃないかと思うようになった。僕はどちらかというと現場リーダー的な存在ですが、少し社長という役割に近づいたのかもしれません。

たとえば、出荷のケース数が少ないと人件費率が上がるという事実に、3年前に気づきました。一日400ケースを出すと人件費率は10%ですが、一日250ケースなら12〜13%へ上がってしまう。

出荷数が少なければ、無駄も生まれます。午前11時で作業は終わっているのに、その後もダラダラと12時ぐらいまで会社にいるなんてことも起こる。

だとしたら、うちで可能な最大ケース数を出荷するほうがいいわけです。うちの作業場のスペックは、一日400ケースほど。これ以上を出荷しようと思うと、ベストロボを追加したりと、投資が必要になります。だから、いまは一日400ケースを基本にしているわけです。それ以上は増やさないし、減らさない。

一日の出荷ケース数を増やした結果、3～4年前は人件費率が20％ぐらいだったのが、いまは10～11％ぐらいになっています。

もちろん、人件費率を下げるポイントは、出荷ケース数だけではありません。たとえば2018年8月は人件費率が16・5％、9月は15・6％と高かったのに、10月には11・1％へ急激に下がった。何をやったかというと、出社時間を午前5時から午前6時に遅らせたのです。1時間少なくなると、みんな「集配までに間に合わせなきゃ」と頑張る。その結果、作業効率がアップした。

改善の余地はいたるところにある。だから毎日、営業日誌を見ながら「いま人件費率は何％か」なんてチェックしています。（もちろん効率化をはかれたぶん、後述のように従業員にも賃上げの形で報いています）。

リーダーである僕が少し工夫をするだけで、効率化をはかれる分野もある。24町歩集めて8町歩しか使わない農法もそうですが、仕組みを変えることこそ社長の仕事なのかな、と思うようになってきたのです。

翌日誰も来なかった

「営業1課ねぎびと」という名前を考えていたときは、営業マンなんて簡単に採用できると思っていました。ところが、いまだに営業のできる人が入ってこない。上手に説明できる人はいっぱいいても、心理的駆け引きをしながら、交渉を有利に進められるようなタイプがいない。

いまや山形県人の気質はかなりわかるようになりました。でも、東京から移ってきたばかりの頃は、前の会社の常識を引きずって、トンチンカンなことばかりしていた。

初年度、ようやくネギができた。あとは収穫して、むいて、出荷するだけ。そこで、地元でパート・アルバイトの募集をしたのです。人を育てる自信はあったので、「やる気のある方、１００％採用します」とハローワークに求人を出した。

すぐ応募がきました。女性５名、男性１名。中高年ばかりです。面接に来たら即採用ですから、すぐ仲間として認めて「公認Ｔシャツ」を着せた。

師匠から「スーツで畑に来るな」と注意されてから、ジャージで作業するようになりましたが、やっぱり戦闘服感がないと気分が引き締まらない。そこで、僕の〝名言〟が入ったＴシャツを10パターンぐらい作っていたのです。

「先頭を歩く者にすべての責任あり」

「人の嫌がることほどやってみよう　人の痛みがわかるいい人間になれるから」

「誰も出来なかったことは俺があきらめる理由にはならない　心友を大切にし、何より出会いを大切にした奴に道は開かれる　さあ伝説のはじまりだ」……。
これは般若心経かというぐらい、ギッシリ文字で埋め尽くされたTシャツもありました。黒地に金文字で書かれていた。子供の頃から名言が好きで、そういうのが格好いいと本気で思い込んでいたのです。

面接にやってきたおばさん、おじさんたちにそのTシャツを着させて、ファミリーレストランに連れていきました。

「いいかあ、よく聞けえ！　俺たちは5反、6反のビジネスをするんじゃない。1町、2町のビジネスをやるんだ！」

そう声を張り上げた。孫正義さんの「売上を豆腐のように1丁（兆）、2丁（兆）と数えられるような会社にしたい」という言葉に、すごく影響を受けていたのです。

「いいかあ！　会社では挨拶が何より大事なんだあ！」

僕が考える会社の理想像を語りました。まるで軍隊の朝礼みたいです。田舎のファミレスですから、みんな「いったい何が起きているんだ？」とこっちを見ていました。店員までガン見していた。

2時間ほど演説をぶったあと、師匠のところへ連れていきました。ネギの栽培や収穫の作業の動画を携帯で撮らせたのです。

「いいかあ、お前らあ！　家に帰ったら、この動画をくり返しくり返し朝まで見て、寝ないでそのまま出勤しろお！」

僕自身、毎日2〜3時間しか眠らない生活をしていましたから、とにかくハイテンションだった。初めて顔を合わせた人たち、しかも年配の人たちに向かって「まずは寝ないことから始めろお！」なんて吠えた。

いま思えば、恥ずかしいことをしていました。自分でも笑ってしまう。でも、当時は「お前らと一緒に天下とるぞお！」くらいの気分でいますから、恥ずかしくもなんともなかった。ここにいる6人全員が徹夜で動画を研究して、真っ赤な目で出社することを疑わなかった。

当然、翌日、誰ひとり会社に現れませんでした。しかも、悪い噂はすぐに広まる。「危ない人だから、付き合っちゃいけない」と。人が集まらないので、やむなく出荷を半月も遅らせたぐらいでした。

「いままでのやり方は通用せん……」

ようやく気がついて、それからは「とりあえずやり方を見せますから、みなさん、ゆーっくり覚えていきましょうねえ」とソフト路線に変えた。まずは辞められないことが最優先です。それ以来、辞める人は少しずつ減っていきました。

「どういう会社にするか」がいまの最大の関心

できないことを、無理してまでさせない——。それがいまの方針です。

こちらに向こうが合わせるのでなく、こちらが向こうに合わせていく。「志高く！」なんて〝名言〟Ｔシャツを着させることもありません。

営業ができないなら、農作業をやらせればいい。ネギ掘りが下手なら、ネギ運びで一番になればいい。皮むきがダメでも、段ボール詰めがある。それぞれが得意なことを見つければいいのです。

なかにはネギ掘りが得意じゃない人や、ネギの袋詰めが苦手な人もいます。しかし、そういう人には別の才能があることに気づきます。トラクターの運転が得意、管理機の扱いがうまい、ネギの皮むきが得意、苗づくりがうまいなどなど。

要は、**従業員を観察して、「どんな人間なのか」を見極める**ことです。相手は歩であるのか、桂馬であるのか、飛車であるのかわからない状態で、将棋なんて不可能です。歩に「横に進め！」と命令したって、そもそも無理なんですから。

僕の関心もだいぶ変わりました。農業を始めた頃は、ネギ栽培の面積で日本一になることしかなかった。３年でそれを達成したあとは、おいしいネギを作るのが最大の関心事になった。

ただ、味は主観的なものだから、評価がなかなか難しいのです。人によって「おいしい」と感じるものは違いますし、数値化して比較することもできない。僕がおいしいと思うものを、どうやったら他の人にもおいしいと思ってもらえるか、という話になる。

うちのネギは２０１７年に、糖度21・6度をマークしました。ラ・フランスの最高級品ぐらいの糖度がある。もう野菜というより果物です。「糖度でギネスブックに登録できないか」と考えたこともあるのですが、そういうことでもないかと思いやめました。

いまは**「どういう会社にするか」が、最大の関心事**かもしれません。

ひとつは、効率化をはかって、利益を増やすこと。**普通の農家の何倍も手間をかけて土寄せをやったり、苗作りをしたりするのも、結局はそっちのほうがコストは減る**からです。雑草や病害虫にやられないぶん、利益が増える。

もうひとつは、**従業員たちが生き生きと働けるような環境を整えること**。「すげえ楽しい！」と感じてくれれば、それが僕の喜びになる。世間の若者たちが農業に関心をもってくれるきっかけになるかもしれません。

自分のペースで働ける会社に

うちにはいま30人ほどの従業員がいます。これ以外に臨時のパート・アルバイトを雇うので、ピーク時には50人以上の所帯になります。

２０１８年も２０１９年も１２０人ぐらいが面接を受けにきました。天童市は人口６万人の小さな町ですから、これは相当多い。かつては「危ない人だから付き合っちゃダメ」と言われた僕の会社が、いまや人気の職場になりつつある。

人気の秘密は労働形態にあります。みんながみんな一日8時間働くのでなく、5時から8時までとか、13時から15時までとか、13時から18時までとか、8時間を小分けにして働けるようになっている。**それぞれの事情に合わせて、好きな時間だけ仕事ができる。**休みたいときには、いくらでも休める。

２０１９年に山形県ベストアグリ賞の最優秀賞である「農林水産大臣賞」をいただきましたが、審査員から高く評価していただいたのが、この労働形態でした。さまざまな事情のある人でも勤められると。

「8時間を一人じゃなくて、4時間を二人でやる。これは新しいと思います。こういう形だと主婦なんかは助かるんですよねえ」

そう褒めていただいた。

30人の従業員のうち、フルタイムで働いているのは7人だけです。彼らには月給が支払われますが、それ以外の人は時給で計算しています。

山形県の最低賃金は時給790円。新人は800円からのスタートになりますが、翌年には100円ぐらい時給が上がる。いまの最高時給は1100円ですが、これも2021年には1200円に上げる予定です。山形県ではかなり高い。

時給は意識的に上げるようにしています。**社長の楽しみは従業員に少しでも多くの給料を払えるようになること**。「うちは人件費をこれだけ削減した」なんて自慢している社長に対しては、「いったい何を勘違いしているの?」と思ってしまいます。

2019年からは社員旅行も始めました。1月末から2月にかけて、出荷作業の終わったところで、10人ほどで行きます。2019年は沖縄、2020年2月には大阪に行った。これからは海外にも連れていきたい。東京すら行ったことのない従業員に海外を見せる意味は大きい。お金を借りてでも続けるつもりです。

一方、新たな試みも始めようとしています。農業の場合、天候次第で急に集中して作業をやりたいときが年に何回かあります。たとえば「雨が降る前に草取りを終わらせたい」「雨が降る前に収穫を終わらせたい」といった具合です。

そうした場合、こちらとしては募集して明日にでも、しかも多くの人を短期間雇いたいのですが、これまでは募集手段が見つけられなかったので、あきらめていました。しかし

従業員と

最近LINEを使えば、そうした臨機応変の募集もできると人に教えてもらったので、チャレンジしようと思っています。公式LINEで友だち登録をしてくれた人に「明日から草取りに3日間来られる人大募集」などと送ることで募集をかけるのです。

短期の場合、通常の時給より高くてもいい。来てくれた人の中からいい人がいれば、「数人だけ募集したい」というときに直接声をかけてもいい。実際にうまくいくかどうかはやってみないとわからない部分もありますが、やってみる価値はあると思っています。

働き方も人それぞれの時代です。じっくりと1ヵ所に腰を落ち着けて働きたい人もいれば、「春〜夏は山形でネギ」「秋〜冬は鹿児島でキャベツ」と全国を動く人が出てきてもいい。それぞれの場所でノウハウを学んでから独立する。そうした野心を持った若い人が出てくるとおもしろい。

悔いを残して死にたい

前の会社では「イエス」か「はい」しか言わなかったように、僕は根っからの体育会系人間です。もちろん当時は部下に対しても「俺の言った通りにやればいいんだ。絶対、成果が出るから」というふうに接してきました。

そういう軍隊的なやり方が苦手な人もいるでしょうが、喜ぶ人もいる。「どうしたらいいのかなあ……。とりあえずやってみてよ」と言って、責任を部下に押しつける上司より、「お前の意見なんか要らない。責任は俺がとる。とにかく言われた通りにやれ！」と言う上司のほうが、精神的に楽だという面もあるからです。

でも、山形県に来てからは、そういうやり方はやめました。もちろん肝心の部分は僕が決めますが、任せられることは任せるようにしている。農作業ごとに細分化すれば、僕より上手にやれる人がたくさんいるからです。競技別に見たら、僕よりすぐれた選手が山ほどいるのだと気がついた。

前の会社にいたときより、部下を家族のように思う気持ちは強くなりました。それが伝わっているのか、うちの会社は辞める人が少ないのです。僕自身、前の会社にいたときのように、ガンガン首を切ることはできなくなっている。

軍隊的に強制しなくても、従業員たちの特性を生かすことで個々の生産性を上げることができるとわかったことも大きいかもしれません。

なぜかうちの男性従業員には口数が少なく、おとなしい人が多いのですが、彼らだって、褒められたらうれしい、叱られたら悲しい。だから、いかにワクワクさせるかを考えます。農作業を「競技」にしたことも、そのひとつ。今日できなかったことが、明日できるようになる。そんな小さな進歩だって、人間にとっては大きな喜びなのです。

実家が農家の人はほぼいません。こちらとしては、むしろ素人のほうがいいのです。親が農家だったりすると、変に知識のあることが邪魔になる。普通の農家は一日50ケース程度の出荷ですから、一日４００ケースと聞くと、腰が引けてしまう。うちは常識外れだらけなので、「へえ、そうなんですかあ」という反応のほうがいい。

敵は「常識」だと思っています。「昔からこうやってきたんだから、これが正しい」と思い込んでしまうと、そこで進化が止まってしまう。

僕が「ネギを太らせる最大のポイントは平らの極みだ」と発見し、「指示された場所以外でも雑草が生えていると、人は必ず抜く」と発見したのは、5年目のことです。「手前と奥の2メートルは育ちが悪い」と発見したのは、6年目のことです。同じ作業をくり返していても、人間、なかなか重大な事実に気がつかない。

だから、従業員たちには「**慣れるな！**」**と言い続けています**。毎日、本気で仕事と向き合えば、必ず何か発見がある。発見は今日かもしれないし、明日かもしれない。だからワクワクする。もっと練習しようという気分になる。

僕だって、お金を儲けたいんだったら、別の仕事を選んでいました。この先もずっと農業を続けたいと思っているのは、ワクワクするからです。

農業はまだわかっていないことだらけだから、僕が死ぬまでに完成しないでしょう。すでに負け戦は確定しているのです。だから、僕は悔いを残して死にたい。「悔いを残さず死ぬ」というのは、挑戦しなかった人の言う言葉だと思うのです。

ああー、早く会社に行きてえ！

会社経営の本質は1個しかないと思っています。従業員たちが「明日、会社に行きたい！」と思えるかどうか。

子供が新しいグローブを買ってもらったとき「あー、キャッチボールがしたい。早く学校に行きたいなあ」と思うはずです。レストランのシェフが新しい包丁を買ったとき、「すぐ使いてえ。早くお店に行きたいなあ」と思うはず。それと同じように「新しい掘り方を思いついた。早く畑に行きたいなあ」と思ってほしいのです。「早く明日になってくれないかなあ」と感じてほしい。

人間は生活のために働きます。でも、仕事が楽しくて夢中になったとき、金儲けなんか関係なくなる瞬間がくる。目の前の仕事を上手にやることだけに集中する。そんな瞬間があるからこそ、働くことに喜びがあるのだし、人間的に成長するのだと思います。仮に転職することがあっても、その経験は生かされます。

まるで部活のようです。優勝したからといって、中高生の部活では賞金が出ません。にもかかわらず、必死になって練習する。損得抜きで、単純に勝ちたいからです。それ以外のことは考えない。

そういう意味で、僕は「部活のような会社」が作りたいのです。「今日は55コンテナしかむけなかった。明日こそ60コンテナむくわよお」とか、「今日は全員で11時までに終わらせるぞ！」とか。

それぞれが目の前の仕事に夢中になって、競技感覚で技を極めていく。切磋琢磨するから、技術のレベルが業界平均を突き抜けてしまう。その結果として、会社の売上が上がる。そんな会社になっていけたら最高です。

まずは年商10億円を目指す。ネギと苗で3億円の売上の目途《めど》は立ってきました。残り7億円は肥料とか微生物資材とかで作る。そっちの仕事の大半は、僕ひとりで動いて取ってくるのかもしれませんが、こう言いたいのです。

「でも、7億円より3億円のほうが価値はあるよ。30人ぶんの思いや努力が詰まっているからね」

エピローグ

３Kだけど格好いい

「農業って素敵だ」「農業は楽しい」「農業は新しいライフスタイルだ」……。

そんなことを言う連中を、僕はいっさい信用しません。やってみてわかるのですが、農業は３Ｋ（汚い・臭い・きつい）そのものです。泥だらけになるし、汗臭い。肥料は臭うし、すぐ腰が痛くなる。天候に振り回されて気が休まらない。それでいて、たいして儲からない。

でも、僕はそんな農業が好きなのです。３Ｋであることを認めたうえで、「でも、俺たちがいないと、お前ら食えないんだよ。これって、すごくねえか？」と言いたい。「汚くない。臭くない。きつくない。格好いい」じゃない。「汚い。臭い。きつい。でも、格好いい」のです。

農家は登山家に似ているのかもしれない、と思うときがあります。わざわざ重い荷物を背負って、大汗かいて、高い山に登るなんて、ありえないと思う人が大半のはず。でも、それが楽しくて仕方がないという人もいる。

始める前は農業に対して何のシンパシーもなかった僕ですが、山形に来てから、ずいぶん農家のおじいちゃん・おばあちゃんと友達になりました。何十年のうちに腰が完全に曲がってしまうほど、彼らは農作業を続けてきた。「その積み重ねを否定したくないな」という気分がどんどん強くなってきたのです。

あるとき、夜7時頃まで畑で作業をしているおばあちゃんを見つけ、声をかけました。すごくいいブロッコリーを作る農家です。そのうち、「こんな時間まで自分でやらないで、息子に任せたらいいじゃないか」という話になった。でも、息子さんはサラリーマンをやっていて、そんな時間はないと言う。

「でもさあ、おばあちゃん。息子にさせたくないの？　させたいの？　どっち？」

「そりゃ、させたいよ！」

おばあちゃんの声がそこで急に大きくなった。「だって、これはなくしちゃいけない仕事だもんね」と。僕はその場で大泣きしてしまいました。久しぶりに畑で泣いた。

農業では食っていけないからサラリーマンになる。地方では普通のことです。だから農業はどんどん高齢化が進んでいく。農業のほうがサラリーマンより儲かるようなビジネスモデルを早急に作る必要があります。
それと同時に、子供たちが「農業って格好いい！」と思ってくれるよう、イメージを変えていく必要もあると感じました。「それができるのは誰か？　俺しかいないっしょ！」と思ったのです。
おばあちゃんが孫と一緒にテレビを見ていて、「こんなに楽しそうな人もいるんだから、あんたも農業やってみたら？」と言うような存在にならなきゃいけない。おじいちゃんから「あんたが私たちの夢だ」と言われる存在にならなきゃいけない。

農業を憧れの職業にする――。

このときから農業のイメージを変えることも、自分の使命だと思うようになりました。

俺は芸農人になる！

大谷翔平選手を見て野球を始めた子も、久保建英《たけふさ》選手を見てサッカーを始めた子もいるでしょう。藤井聡太二冠に憧れて将棋を始めた子や、ヒカキンさんに憧れて「将来はユーチューバーになる」と宣言する子も多いと聞きます。
憧れの存在がいる↓学校に部活ができる↓競技人口が増える↓全体の技術レベルが底上げされる。いい循環ができているので、将来も安心です。

そうした憧れの存在が、これまで農業界にはいませんでした。「○○さんみたいな農家になりたい」という存在が。田中義剛さんとか高木美保さんといった芸能人が農業をやることはあっても、プロの農家がテレビで活躍することはなかった。

だから、自分がそういう「芸農人」にならなきゃいけないと思ったのです。野球にまったく関心がない人でも、イチローさんのプレーを見たら、すごさがわかります。技術が卓越したプロだからこそ、「なんで、あんなことが可能なんだ」と一般人をビックリさせられる。技術力のあるプロ農家しか農業で一般人をビックリさせられないし、関心を高められない。関心を高めないかぎり、競技人口を増やすこともできません。

だからとにかくメディアに出ようと考えました。地元テレビ局の人に声をかけて、どんどん出演するようにしたし、地元ラジオ局では週1回のラジオ番組をもっていた。前述した「世界葱掘王決定戦」とか、山形の若手農家4人をフィーチャーした「山形四天農」なんて企画も、こうやって生まれました。

ただ、一人で営業をかけるのも限界があるし、地元でしか露出の機会がないので、2017年からは東京の芸能事務所に所属することにしました。これ以降、露出は増えたし、全国区のテレビにも出られるようになった。

以前は、テレビに出ると高級車に乗って、金ぴかのスーツで畑を練り歩くような、色物としての扱いをされた経験もありますが、最近はちゃんと農業の話をさせてもらえるようになった。これは大きな進展です。

ただ、じゃあ、この芸農人活動で農業のイメージが変わったかというと、まだ1ミリたりとも変わっていない。そんな実感があります。やっぱり世間の農業に対する関心が薄いのでしょう。これは時間がかかるなあと感じています。自分の人生を賭けてやり抜くべき仕事なのだと覚悟を決めました。

農業部の立ち上げ

まずは「○○さんみたいになりたい」という憧れが生まれる。自分もやってみたいと、部活に入る。部活で技を磨き、その一部はプロの農家になる――。そういう展開が理想です。全国の学校に「農業部」という部活ができてほしい。

まだその前段にすぎないのですが、2019年には地元の寺津小学校で、農業の授業をやりました。以前、教頭先生に頼まれて講演会をやったら好評で、「実習もやってくれないか」という話になったのです。

教える相手は小学6年生。1クラスしかないので19人です。農家の子供は2~3人で、ほとんどの子供は農作業が初めてでした。週1回、年間50時間もやりました。校庭の一角に畑を作り、ネギ、エダマメ、サツマイモとカボチャを作った。

畑の下準備はうちのスタッフも動員しましたが、雑草取りは子供たちの仕事。むちゃくちゃ嫌がりました。さっきまではしゃいでいた子も無口になった。元気いっぱいの子供たちですら嫌がるほど、雑草取りは過酷な仕事なのです。

1年間の授業が終わったあと、みんなが手紙をくれたのですが、「先生に教わったのは、挨拶、礼儀、掃除、整理整頓……」という内容が多く、笑ってしまいました。ここでもけっこう厳しく、農作業以前のことばかり指導していたようです。

小学6年生といえば修学旅行ですが、このときは自分たちで作ったネギを売るために、東京のスーパーへ行きました。袋のパッケージも児童が自分たちでデザインしました。

売れたのです。いや、バカ売れした。みんな心配していたようですが、1時間もかからずに完売した。なにしろ真の葱級に太いネギが2本98円で買えるのだから、東京のお客さんたちは、売っているのが子供でなくても買ったでしょう。

この過程では、感動的なことがいろいろありました。団体行動が苦手で、周囲ともあまりコミュニケーションをとらなかった子が、スーパーでは大声を張り上げてネギを売った。この変化には先生方も驚かれていました。

2020年は新型コロナウイルスの影響で休校期間があったため、残念ながら授業は中止になりましたが、２０２１年以降も続けていければと考えています。

面白いのは、この段階で、すでに抜群のセンスを見せる子供がいたこと。サツマイモを収穫するときの足腰の使い方が素晴らしい女の子がいたりして、「うちへ来ない？」とスカウトしそうになりました。

まだ1年しかやっていないので、ここから農業に進む子が出てくるかどうかなんて、まったく読めません。でも、大人になり、結婚して子供が育って時間ができたときなど、「農業のバイトに行ってみようかな？」と考える子がいるのではないか。将来の仲間を増やすことに、少しは役立てたかなと思っています。

困っている人を助けたい

そもそも「山形の農業を元気にしよう」なんて動機で始めたぐらいで、僕は誰かが困っていたら、問題を解決してあげたいという気分が強いのです。人から「助かってんのよ、これ！」と感謝されるのがうれしい性分なのでしょう。

たとえばホームセンターの人と話していて、あまりに忙しくて、苗に水をやっている時間すらないと聞かされる。家庭用品を担当している女性店員が、シャンプーを並べ終わったあとで、苗に水をやっているのだとか。

それなら、自動の灌水《かんすい》システムを作ればいい話です。こうやってパイプをつなげて、ここから水を送ってと、作り方を教えてあげる。先方から「全店舗に導入するので、ぜひ発売してください」と頼まれて、逆に面食らったりしています。

日本全体の農家がワンチームになれば、改善していけることは山ほどあると思うのです。たとえば、例のポット苗です。うちの生産スペックでは、日本中のバラ苗をポット苗に置き換えるのは不可能です。誰かに助けてもらうしかない。

将来的には、信用できる人がいるなら投資して、ハウスを建ててあげて、苗作りを教えるようなことだって考えられます。「こういうふうに変えたら、日本の農業も変わっていくのに」と感じることがたくさんある。

誰かの困りごとを解決するという点では、絶対に取り組みたいテーマがあります。「泥のつかない長靴」の開発です。日本中の農家が「これのおかげで助かっているんだよ」と感謝してくれるはず。

何度もくり返してきましたが、雨の日の畑に入るのは厳禁です。濡れた土を踏んでグチャグチャにすると、乾いたときにガチッと固まってしまう。土中の酸素も抜けて、根っこが息をしにくくなる。土はとにかくフカフカでないといけない。

とはいえ、商売でやっている以上、スケジュール的にきつくて、湿った畑に入らざるをえない場合もあります。すると、長靴に土がつきまくる。重くて、すぐ膝が痛くなってくるのです。日本中の農家が悩まされているので、あれを改善したい。靴底の表面積が少なければ土がつきにくいから、やりようはあると思うのです。

有名な経営者でも、最初はいまとまったく違うビジネスをしていた人が珍しくありません。ネギ栽培から出発して、長靴で有名になったっていいのです。

「えーっ。長靴のねぎびとカンパニーって、スーパーでネギも売っているの！　なるほど。それで『ねぎびと』って名前だったんだあ」

そんなふうになったら最高です。もちろん、それも第一歩。日本中の農家や、家庭菜園をやっている消費者が悩んでいることを、徹底的に改善していきたい。

２０２０年7月、記録的な集中豪雨で最上川が氾濫し、うちの畑も2町歩ぶんが全滅、被害総額は４０００万円を超えました。２０１９年10月の台風19号でも水に浸かった畑はありましたが、なんとか出荷にまではもっていけた。モナリザの発売こそ断念しましたが、被害額はそれほどでもなかった。しかし２０２０年は最上川だけではなく、近くの小さな川の氾濫もあり、被害が大きくなりました。

30年に一度、50年に一度といわれる豪雨や強風が毎年のように襲ってくる時代です。正直、自然が憎いと思うこともあります。

でも、愚痴を言っても何も解決しません。それは9年前に農業というビジネスを選んだときからわかっていたこと。こうした自然災害も「想定内」として会社を運営していくのが経営者の務めです。冬に作物が育たない東北だからこそできる農業があるように、気候が変わってきたのなら、それに対応した栽培法をまた考えるしかない。僕たちには立ち止まっている時間はありません。「これで課題を解決した」と思った瞬間に、また次の課題が見つかるのが、農業の奥の深さ。

僕はなんだか万事がうまくいっているときのほうが逆に心配になる性分のようです。むしろ次から次へと課題が降ってきて、それに向かって「やったるぞー」と自分を奮い立たせ、必死に考えて実行する。そうした時間こそ、生きていることを実感できて大好きなのです。

失敗。それは成功を生むための技術です。

人々の勇気が挑戦を生み、多くの失敗が人々の未来を創る。

「失敗は成功のもと」

この言葉を信じて、僕は明日も畑に失敗しに行きます。

清水 寅

1980年、長崎県生まれ。長崎県内の高校を卒業後、金融系の会社に就職。20代で7社の社長を歴任。その後、親戚からの勧めもあり脱サラ、2011年より山形県天童市にてネギ農家を始める。2014年にねぎびとカンパニー株式会社を設立。同社代表。「初代葱師」を名乗り、様々な苦難を乗り越え、2015年に糖度19.5度、2017年には21.6度のネギを作り上げる。現在は、「真の葱」「寅ちゃんねぎ」「キスよりあまい ほうれん草」などブランド野菜を農地10haにて栽培。2019年より、300万本に10本しかとれない奇跡のネギ「モナリザ」の栽培に挑戦。同年山形県ベストアグリ賞受賞。2020年からは全国のホームセンターにてネギ苗、タマネギ苗の販売も開始。日本の農業に一石を投じたいという夢を持ち、日々おいしい作物を育てている。

講談社＋α《プラスアルファ》新書 835-1 C

なぜネギ1本《ぽん》が1万円《まんえん》で売《う》れるのか？

清水《しみず》 寅《つよし》 ©Tsuyoshi Shimizu 2020

2020年10月20日第1刷発行
2021年 5 月28日第3刷発行

発行者―――― 鈴木章一
発行所―――― 株式会社 講談社
東京都文京区音羽2-12-21 〒112-8001
電話 編集(03)5395-3522
販売(03)5395-4415
業務(03)5395-3615

デザイン―――― 鈴木成一デザイン室
構成―――― 丸本忠之
写真―――― 鈴木由美子、佐藤ひと美
カバー印刷―――― 共同印刷株式会社
印刷―――― 株式会社新藤慶昌堂
製本―――― 株式会社国宝社

KODANSHA

Printed in Japan
ISBN978-4-06-521447-3